낭만적인 유럽 거리를 수놓다

프랑스 자수로 만나는
느릿한 시간

낭만적인 유럽 거리를 수놓다

샤를 앙리 · 엘린 페트로넬라 지음 ─ 신용우 옮김 ─ 이화영 감수

이덴슬리벨

이 책은 현대 손자수를 향한 우리의 열정에 함께해준
샤를 앤 엘린 온오프라인 커뮤니티에 바친다.
덕분에 우리는 세상에 현대 손자수에 관한 모든 것을 알릴 수 있었다.

차례

자수를 시작하며 8

자수 스티치 기법과 팁 13

재료 13
자수 스티치 기법 가이드 16
자수 스티치 기법의 도움을 얻을 수 있는 곳 24

프랑스, 쥬뗌므

**라 돌체 비타
달콤한 이탈리아의 삶**

리스본과 바르셀로나의
타일이 깔린 거리

휘게의 시간

자수를 시작하며

　모든 것은 2016년 10월 파리에서 시작되었다. 우리는 오텔 드 빌(파리 시청사) 옆 카페에서 첫 데이트를 했다. 그날은 월요일이었다. 같은 주 일요일, 샤를은 7구에 위치한 6평 남짓의 나의 작은 스튜디오로 이사를 왔다. 건물 제일 꼭대기에 자리잡아 에펠탑이 보이는 이곳에서 우리는 영원한 사랑을 속삭였고, 예술에 대한 탐구를 시작했다.

　저녁마다 자수를 놓는 나를 본 샤를은 금세 자수에 흥미를 가지기 시작했고, 나는 샤를에게 바느질의 기본을 가르쳐주었다. 그리고 그는 내게 주변 풍경과 건축물들을 스케치해서 수놓아 보면 어떻겠냐고 제안했다.

　"생생한 작품을 만들어 봐." 그가 말했다.

　나는 바로 행동으로 옮겼다. 우리 집 앞을 가로지르는 세귀르 거리 건물의 전경을 자수로 그려 넣었다. 얼마 지나지 않아 우리가 수놓은 건물에 살던 한 여성분이 그 자수 작품을 산 이후부터 우리의 인생은 완전히 뒤바뀌었다.

　파리지앵 사진작가이자 예술가인 샤를을 만나지 않았다면, 내 안의 열정을 발견하기 어려웠을뿐더러 예술가로 살아가지 못했을 것이다. 샤를 역시 젊고 창의적인 스웨덴인인 나를 만나지 않았다면, 여전히 현대 손자수의 놀라움을 모르고 살았을 것이다.

자수로 마음을 정리하고 휴식하자

손자수에는 놀라운 긴장 완화 효과가 있다. 이는 우리가 예술 행위(창작 활동)에 즉각적으로 빠져드는 현상에서 비롯된다. 바느질을 거듭할수록 점점 더 여유로워지고 침착해지는 기분이 감돌고, 자연스레 근심과 걱정은 사라진다. 우리의 마음이 깨끗해지고 감각은 선명해져 몸과 마음이 충만한 경험을 할 수 있다.

이런 우리의 경험을 다른 사람들과 공유했을 때 놀라웠다. 우리만의 경험이 아니라 모두가 그렇게 느끼고 있었기 때문이다. 그들은 요즘 유행하는 정신수양이나 명상에서 실패했던 경험을 이야기하며 오히려 더 스트레스를 받았다고 한다. 현대 손자수를 해본 사람이라면 그 매력에 흠뻑 빠질 것이다.

손으로 무언가를 만드는 창작 활동은 명상이나 정신수양만큼이나 효과가 있다. 오래전부터 뜨개질, 그림, 자수와 같은 창작은 마음을 정돈하는 데 좋은 방법으로 쓰였다. 굳이 수공예라는 거창한 말을 쓰지 않더라도 효과는 똑같다. 느릿하게 반복되는 손자수의 움직임은 마음에 여유를 준다. 게다가 바늘이 천을 통과할 때 나는 부드러운 소리는 긴장을 완화시키며, 우리의 주변 환경을 또렷하게 인식하게 만들고, 시간을 생생하게 느끼게 한다.

여유롭게 자수를 즐기려면 바느질 방법 몇 개만 집중해서 익히면 된다. 자수 스티치 기법을 많이 안다고 해서 마음이 더 평온해지거나 자수를 통달하는 건 아니다. 오히려 쉽고 단순한 바느질 방법을 잘 활용해야 더 효율적인 결과를 얻을 수 있다. 우리도 지금까지 많은 자수 작품을 작업하면서 7가지의 기본적인 자수 스티치 기법만 사용했다. 그러니 바늘을 잡지 않을 핑계는 여기에 없다.

자수는 힐링 예술의 형태 외에도 창의성을 발휘해 자유로운 표현을 가능하게 한다. 바느질로 스스로를 다스릴 수 있는 영감과 동기를 얻으려면 아름다운 작품에 도전해봐야 한다. 초보자와 전문가를 구분짓는 도안이나 기술은 없다. '내가 제대로 할 수 있을까'라는 걱정은 접어두고 자수를 통해 최고의 여유를 누려보길 바란다. 당신의 마음을 편하게 하는 건 결과물이 아니라, 한 땀 한 땀 수놓는 과정이다. 거기다 아름다운 디자인과 함께라면 창의적인 욕구도 채워나갈 수 있다.

바느질을 하면서 행복하지 않다면(많은 사람이 그렇다), 가볍게 실을 끊으면 된다. 대신 언제든 그만둘 수 있지만 필요할 때 바느질을 다시 시작할 수 있다는 마음만 가지고 있으면 된다. 인내를 가지고 바느질을 해나가는 사람도 있지만, 다시 시작하기를 좋아하는 사람도 있다. 내 마음의 소리를 들어보자. 다른 사람이 아닌 오직 나를 위한 자수 공예이다.

자수를 하다 보면 섬세한 작품과 그렇지 않은 작품은 단지 실의 굵기 차이로 나뉘는 것을 알 수 있다. 가닥의 수를 줄이는 것만으로도 눈에 띄게 좋은 결과를 얻는다. 똑같은 '백 스티치' 기술을 사용해 윤곽선을 수놓더라도, 굵은 실보다 얇은 실을 사용한 작품이 더 보기 좋다.

이 책에 수록된 모든 작품은 자수 경험과 상관없이 누구나 쉽게 바느질을 할 수 있게 돕는다.

유러피언 집에서 영감을 얻다

우리가 정성스레 손으로 옮긴 모든 디자인은 유러피언 집에서 영감을 얻었다. 우리가 살았고, 여행했으며 다양한 방식으로 감동을 받은 장소들이다. 예를 들어 첫 번째 작품은 사랑의 도시 파리에 있는 우리의 첫 스튜디오에서 바라본 풍경이다. 더불어 1장에서는 이 모든 것이 시작된 샤를의 고향과 고국을 기리고 있다.

여행과 새로운 장소의 발견을 사랑하는 우리는 2018년 한 해 동안 느린 여행을 했다. 유목민처럼 여기저기를 돌아다니며 처음 몇 달은 프랑스 남부에서 머물렀고, 바르셀로나로 떠난 후 여름을 보내기 위해 찾은 스칸디나비아에서 결혼을 했다. 그 해 마지막은 리스본에 있었다. 2장 이탈리아에서는 대부분 샤를이 여행한 수많은 곳들을 바탕으로 했다. 이는 우리의 다음 희망 행선지에 힌트를 주었다. 책 속의 작품들을 따라 수놓다 보면, 우리가 여행한 로맨틱한 장소들이 당신을 그곳으로 초대한다. 각 지역의 유서 깊은 역사와 함께 수놓은 우리의 경험이 당신에게 깊이 동화되어 생생한 여행을 하게 한다.

자수가 선사하는 여유를 충분히 느끼고 싶다면, 한 호흡에 한 번씩 바느질을 하며 집중해보자. 자신의 리듬으로 바느질을 해나가는 과정에 완벽히 녹아들 것이다. 부드러운 배경음악을 틀어도 좋다. 일상에서 잠시 빠져나올 수 있도록 휴대폰은 끄거나 무음으로 하자. 자수의 행위를 성스럽게 만들어줄 뿐 아니라, 일상의 스트레스를 차단해준다.

이 책의 목적은 마음을 차분하게 하고 손으로 무언가를 만들게 하는 데 있다. 스스로를 유심히 관찰하자. 나의 생각이 어디에 사로잡혀 있고, 그 이유가 무엇인지 떠올려 보자. 나라는 존재, 특히 나의 환경에 더 넓은 마음으로 다가가기 위한 시작점이 될 것이다.

우리는 여행을 하면서 받은 영감을 그대로 전달하고자 모든 작품을 세심하게 신경 써서 수놓았다. 바느질을 할 때마다 느긋해지고, 마음이 깊어지며, 몸의 긴장이 사라지는 것을 느껴보기 바란다. 일상에서 마음을 담아 하는 자수는 삶의 균형을 잡아주는 기쁨을 선물해줄 것이다.

자수 스티치 기법과 팁

    자수 스티치 기법의 기본 가이드라인을 제시하고, 재료를 고르는 방법에 도움을 주려고 한다. 이 책에서 주로 사용하는 5가지 자수 스티치 기법과 자수에 도움이 되는 몇 가지 팁을 알아보자.

✵ 재료

시작하기 전, 아래 내용을 참고해 사용할 재료들을 미리 준비하자.

천

    건축물이 나오는 풍경은 깔끔한 선과 디테일을 표현하기에 좋은 짱짱한 무명 캔버스를 추천한다. 일반적으로 신축성이 없고(nonstretch, 논스트레치사), 불투명하며, 질감이 너무 도드라지지 않는 천을 사용해야 한다.

먹지

    이 책에서는 두꺼운 원단을 사용하기 때문에 천 아래에 라이트박스를 대고 밑그림을 옮기는 방법 대신, 천 위에 직접 밑그림을 옮기는 방식을 쓴다. 샤를과 나는 먹지 를 사용한다. 그림의 선을 따라가다 보면 작품을 이해하는 눈이 높아진다. 그림 그리기에 익숙하지 않다면 반듯한 선을 그릴 때는 자를 사용하자. 선은 수를 놓을 때 바늘의 방향을 안내하는 기준선이 되므로, 그리는 방향에 집중해야 한다.

1 먹지의 먹 부분이 천에 닿게 놓는다.

2 복사한 디자인 및 도안 스케치를 먹지 위에 올리고 테이프를 붙여 고정한다. 그림을 옮기는 동안 종이가 움직이지 않게 하기 위함이다.

3 볼펜을 사용해 선을 정확하고 깔끔하게 옮긴다. 가급적 각각의 선을 여러 번 긋지 않고, 한 번에 옮겨야 한다.

Tip 도안을 옮기기 전, 먹지를 대고 천의 구석에 3개의 선을 그으면 수월하다. 부드러운 선, 보통 선, 힘이 들어가는 선을 그려 보자. 먹지를 떼어 확인하면 나머지 그림을 어느 정도의 힘을 주고 그려야 할지 알 수 있다.

가이드라인이 더 필요하다면 홈페이지(charlesandelin.com)와 유튜브 채널(Charles and Elin)에서 전체 과정을 담은 영상을 참고하자.

실

DMC사(社)의 컬러코드를 참조했다. 대부분 DMC의 실은 튼튼해서 실의 가닥 수를 크게 신경 쓰지 않고 사용할 수 있다. 책에 실린 작품은 대부분 1~3가닥 정도의 실을 사용한다.

바늘

바늘 크기는 개인적인 선호도에 맞춰 선택한다. 짧은 바늘을 좋아하는 사람도 있고, 나처럼 긴 바늘을 선호하는 사람도 있다. 선택의 기준은 길이보다는 굵기에 두면 된다. 우리는 바늘 자국이 덜 남는 두꺼운 천을 추천했다. 다만 실을 3가닥 이상 꿸 수 있는 두꺼운 바늘은 천에 불필요한 자국을 남길 수 있으므로 주의하자.

개인적으로 자주 사용하는 바늘은 Bohin(프랑스) 1/5 사이즈이다. 바늘의 이름은 사선을 사이에 둔 숫자들로 표시되며, 이 숫자들은 두께와 길이를 나타낸다. 처음 시작하는 분들에게는 6~9호 바늘을 추천한다. 자수를 하다가 다른 사이즈의 바늘을 사용하고 싶다면 자신에게 맞는 바늘을 자유롭게 선택해도 좋다.

수틀

일반적으로 나무 수틀을 천의 지지대로 사용하느냐 마느냐는 취향의 문제다. 하지만 이 책에 나와 있는 작품의 디테일한 부분을 잘 표현하려면 수틀 사용을 추천한다. 전체 도안을 담을 만큼 큰 사이즈(지름 약 20cm)를 선택하면 대략적인 작품의 모습을 언제든지 확인할 수 있다.

추가 팁

수틀에 천을 최대한 타이트하게 씌워야 한다. 앞서 추천한 신축성이 없는 천은 강하게 당겨도 울 위험이 없고, 안정감을 주기 때문에 자수의 선을 깔끔하고 곧게 표현할 수 있다.

❀ 자수 스티치 기법 가이드

'남는 것보다 모자란 게 낫다'는 말은 다양한 분야에 적용할 수 있다. 샤를과 나는 자수에도 이 말을 즐겨 쓴다. 우리는 자수 여행을 시작하면서 자수 스티치 기법을 7가지 이상 사용한 적 없으며, 이 책에서는 단 5가지만 사용한다.

자수 스티치 기법을 많이 안다고 해서 좋은 자수 예술가가 된다고 믿지 않는다. 반대의 경우도 마찬가지다. 선택권이 별로 없다면 각각의 기술을 활용하며 창의성이 더해지기 마련이다. 게다가 자수를 처음 시작할 때 한번에 많은 자수 스티치 기법을 배우면 금방 질릴 수 있다. 안타깝게도 질리는 순간 자수에 흥미를 잃기 쉽다.

우리는 특정 도안을 수놓을 때, 어떤 방법은 괜찮고 어떤 방법은 괜찮지 않다고 선을 긋지 않는다. 독창적이고 현대적인 자수 방법을 여러분에게 알릴 수 있어서 진심으로 기쁘다.

이 책의 모든 도안은 다음 기법들로 수놓을 수 있다.

1. 스트레이트 스티치
2. 백 스티치
3. 스플릿 스티치
4. 새틴 스티치
5. 프렌치 노트 스티치(매듭)

이제 곧 알게 되겠지만, 이 책에 실린 작품들은 자수 과정이 매우 비슷하다. 자수를 할 때마다 어떻게 겹쳐서 사용할지, 방향과 길이는 어떻게 할지 집중하다 보면 모든 작품을 성공적으로 완성할 수 있다.

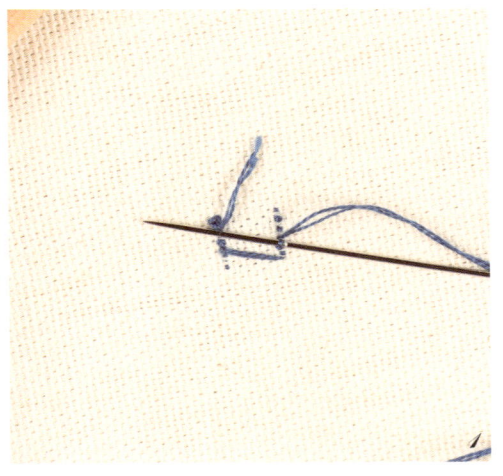

알맞게 수놓기

바늘에 실을 꿰고 매듭을 짓는 방법은 이 책의 모든 작품에 동일하게 적용되는 기술이다.

실은 팔 길이에 맞춰 자른다(50~60cm). 실이 너무 길어 엉키지 않도록 위험 요소를 최소화한다. 그런 다음 실의 한쪽 끝에 우리가 흔히 아는 방법으로 매듭을 짓는다. 이는 첫 바느질을 할 때 고정하는 역할을 한다.

실을 모두 사용하고 바늘 길이의 2배 정도가 남았다면, 반대쪽 끝을 고정해주어야 한다. 실은 다음 3단계로 고정한다.

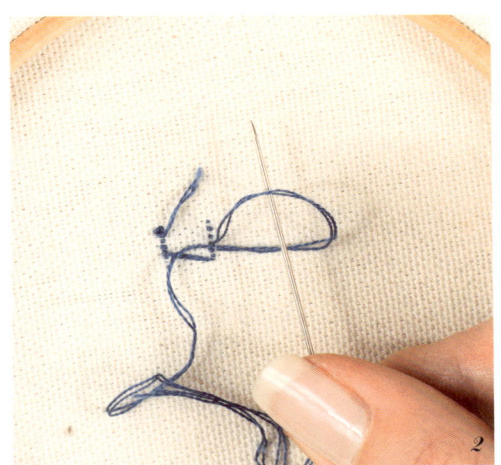

1 천을 고정한 수틀를 뒤집는다. 바늘을 수 놓인 곳의 실이나 천의 일부에 조심스럽게 통과시킨다. 추천한 대로 두꺼운 무명 캔버스를 사용했다면 앞면에서 실이 보이지 않게 원단에 부착할 수 있다. 단, 수틀를 다시 앞으로 돌려서 바늘이 전면을 통과하지는 않았는지 항상 확인해야 한다.

2 실을 반만 통과시켜 고리를 만든다. 바늘을 고리 사이로 통과시킨다.

3 실을 당겨서 매듭을 확실히 고정한다. 매듭은 한 번만 만들어도 되고, 같은 과정을 반복해 위에 추가 매듭을 만들어도 된다. 매듭 위로 실을 약 0.5cm 정도만 남기고 자른다.

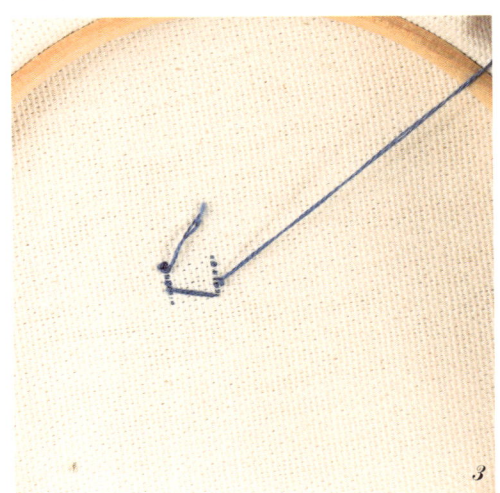

스트레이트 스티치

스트레이트 스티치는 자수 스티치 기법 중 가장 기본적인 기술이다. 우리는 종종 이 기술을 한 땀씩 활용해 섬세한 부분을 표현하기도 하고, 서로 겹쳐 원하는 효과를 내기도 한다.

스트레이트 스티치 방법

천의 바닥 어느 곳이든 한 군데를 정해 바늘을 꿰어 올린다. 바늘을 통과시킨 뒤 아무 방향이나 정해 다시 바늘을 아래로 통과시킨다. 바늘땀의 길이는 마음대로 해도 되지만, 1cm 안팎으로 크게 벗어나지 않는 것을 추천한다. 짧은 바늘땀을 여러 번 만드는 게 길게 만드는 것보다 작품 전체를 컨트롤하기 좋다. 실제로도 훨씬 더 멋진 결과물을 얻을 수 있다.

스트레이트 스티치를 알면 무엇이든 할 수 있다. 원하는 방향으로 꿸 수 있고, 서로 겹쳐 사용할 수도 있으며, 다른 자수 스티치 기법이나 실의 색을 혼합할 수도 있다. 그래서 스트레이트 스티치는 주로 섬세한 부분을 표현하는 데 사용한다. 예를 들어 창의 덧문을 표현할 때 스트레이트 스티치를 가로로 넣어 공간을 작게 분할하면 덧문에 있는 빗살을 강조해 나타낼 수 있다.

백 스티치

우리가 가장 자주 사용하는 바느질 방법이다. 실제로 우리가 만든 모든 자수 작품에 이 방법을 사용한다. 백 스티치는 윤곽을 그릴 때 가장 깔끔하고 부드러운 선을 표현할 수 있는 기술이기 때문이다. 처음부터 백 스티치가 완벽하게 직선이 안 되더라도 실망하지 말자. 모든 일이 그렇듯, 자수의 직선 표현도 연습을 거듭할수록 점점 나아진다.

백 스티치 방법

1. 선을 만들고 싶은 방향을 따라 스트레이트 스티치로 수놓는다. 실을 약간 팽팽한 느낌으로 당기되 너무 세게 당기면 안 된다. 지나치게 세게 당기면 실의 힘으로 천이 당겨져 그림 주변에 굴곡이 생긴다.

2. 바늘을 아래로 통과시킨 지점과 1cm 떨어진 곳에서 바늘을 위로 통과시키고 당긴다.

3. 바늘땀 바로 뒤에 있는 구멍에 바늘을 넣고 당겨 선을 만든다.

4. 다시 앞에 있는 구멍으로 밑에서 바늘을 올려 빼낸 뒤, 이번에는 더 앞쪽으로 뻗는 선을 만들어 당긴다.

5. 이 과정을 반복한다.

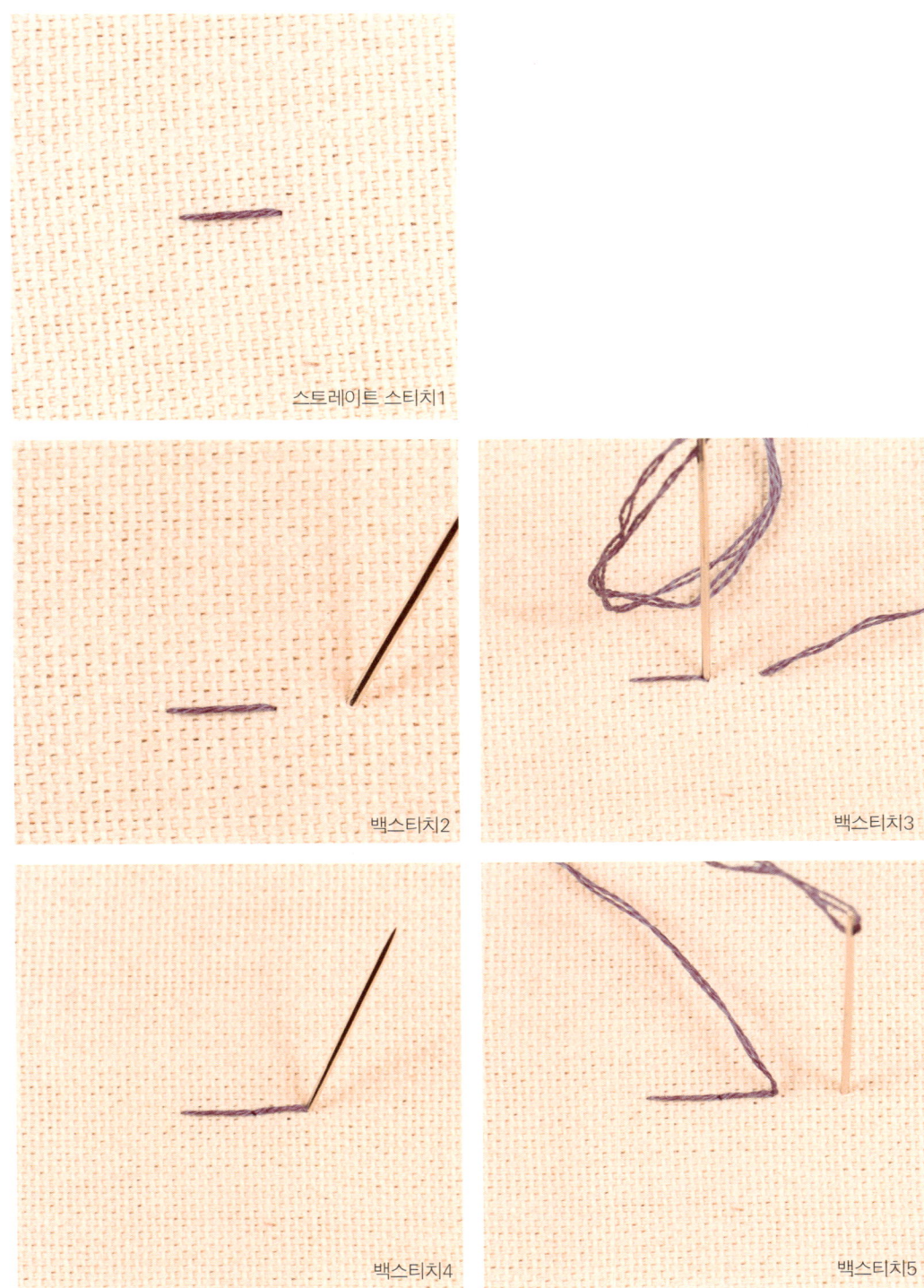

스트레이트 스티치1

백스티치2

백스티치3

백스티치4

백스티치5

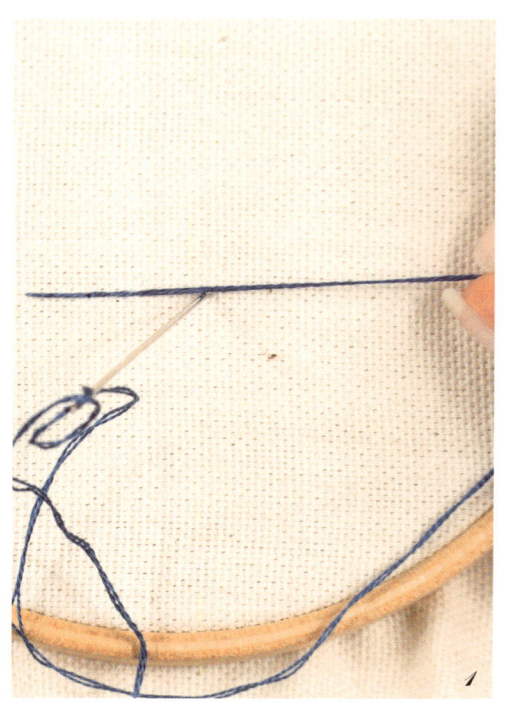

더 곧은 선을 수놓는 2가지 팁

수를 놓을 때 활용할 수 있는 2가지 요령이 있다. 첫째는 실을 자처럼 사용하는 방법이다. 천 위에 실을 놓고 원하는 바느질 방향으로 팽팽하게 당겨 본다. 곧게 당겨진 실은 바늘을 어떻게 통과시켜야 선이 깔끔하게 나오는지 미리 보여준다(사진 1).

둘째는 샤를이 자주 사용하는 방식으로, 바늘을 자로 활용한다(사진 2). 바늘을 천과 수평으로 놓고 원하는 자수 선의 방향을 확인한다. 바늘로 먼저 확인한 뒤 천을 통과시키기만 하면 원하는 완벽한 위치에 실이 지난다.

2가지 방법을 모두 시도해보고 자신에게 맞는 것을 찾아보자. 무엇보다 자수는 바느질의 과정 자체를 즐기는 활동으로, 자신이 어떤 방법을 선호하는지 관심을 가져야 한다. 어디까지나 직접 해봐야 내가 어떤 걸 좋아하는지 알 수 있다.

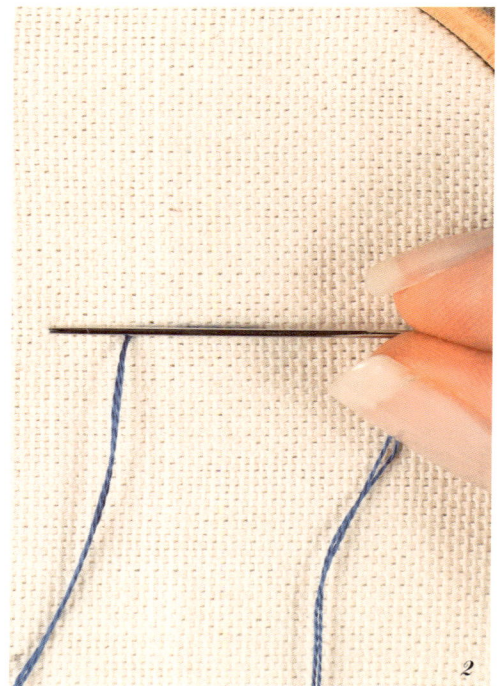

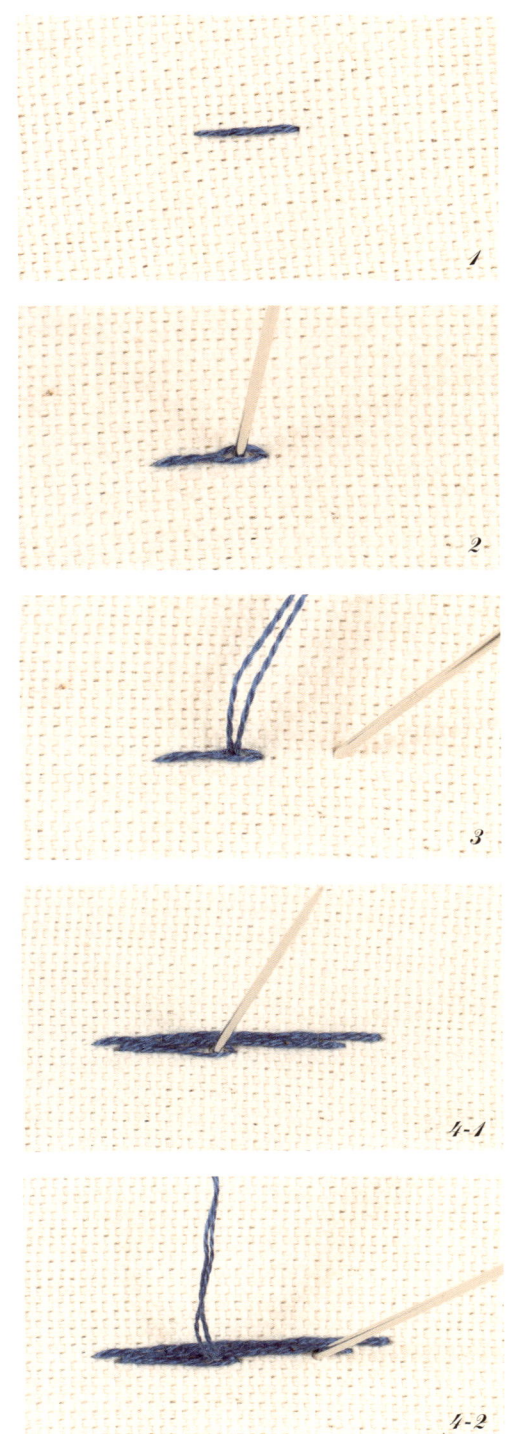

스플릿 스티치

스플릿 스티치 기술은 직선을 그리거나 면을 채우기 위해 사용된다. 이 방법으로 직선을 만들 때는 실(2가닥 이상)을 조금 두껍게 써서 수놓아야 실을 가르기가 수월하다.

자수를 해본 경험이 있다면 '롱 앤드 쇼트 스티치'와 비슷한 점을 눈치 챘을 것이다. 마찬가지로 이 방법도 면을 채울 때 사용된다. 이 기술은 짧은 바늘땀 뒤로 긴 바늘땀이 오고, 다시 짧은 바늘땀이 오는 방식이다. 선을 겹치지 않고도 부드러운 면을 만들 수 있다.

우리는 특정 면적을 실로 덮을 때 스플릿 스티치 기술을 더 선호한다. 여러 가지 도안에서 활용도가 높기 때문이다. 바늘땀을 자신이 원하는 길이로 만들거나 혹은 느낌이 가는 대로, 다양한 길이로 표현할 수 있다. 이때 지켜야 할 원칙은 바늘땀들을 완전히 똑같은 길이로 만들지 않는다는 점이다. 다양한 길이로 실을 갈라야 전체적으로 훨씬 부드럽게 표현된다.

이 기술은 한 번의 긴 바늘땀으로 넓은 면적을 완전히 채울 수 없을 때 사용하면 완벽하다.

스플릿 스티치 방법

1 원하는 바느질 방향으로 스트레이트 스티치를 시작한다.

2 바늘로 앞서 생긴 바늘땀을 갈라 통과시킨다. 다음 바느질을 진행하는 방향과 가까운 쪽을 갈라야 한다. 그리고 한 땀 진행하여 바늘을 넣는다.

3 이 과정을 반복한다.

4 스플릿 스티치로 실을 가깝게 나열하면 표면이 채워지기 시작한다. 표면을 부드럽게 채우려면 바늘땀의 길이를 다양하게 만들어 나란히 나열해야 한다. 다시 말해, 바늘땀의 길이를 똑같이 만들지 않아야 자연스럽고 부드럽게 표현된다. 이 작업을 자주 하다 보면 선을 나열하는 방법을 확실히 알 수 있다.

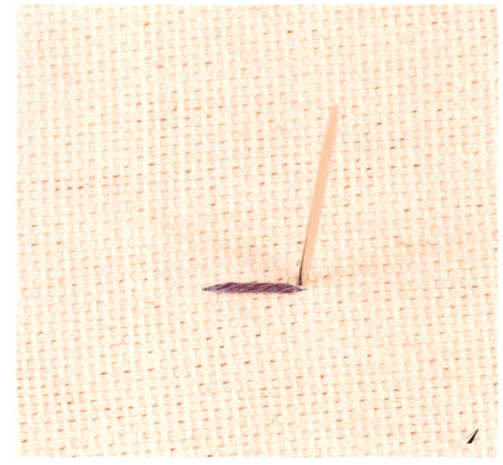

새틴 스티치

새틴 스티치는 작은 면을 채우는 데 적합하다. 간단히 말해 가깝게 나열한 스트레이트 스티치이다. 바늘땀을 거의 비슷한 길이로 만들어 쌓아가다 보면, 수자직으로 된 광택이 나는 매끄러운 새틴처럼 보이는 효과가 있다. 새틴 스티치를 처음 해본다면, 손가락으로 바늘땀을 만져 부드러운 질감을 느껴보자.

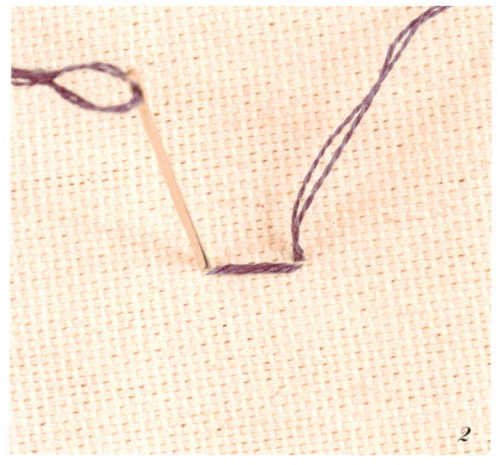

새틴 스티치 방법

1. 스트레이트 스티치를 한 번 꿰어 방향을 먼저 정한다. 그리고 바늘을 내린 곳 바로 위에 바늘을 통과시켜 올리면 원 사이디드 새틴 스티치가 된다. 더블 사이디드 새틴 스티치는 스트레이트 스티치로 시작하지만, 바늘을 내린 곳 바로 위로 바늘을 다시 올리는 데 그치지 않고, 첫 바느질을 시작한 곳 위로 바늘을 다시 내려 바늘땀을 연속으로 완성한다. 결과적으로 천의 앞뒷면이 스트레이트 스티치의 바늘땀들로 채워진다. 스트레이트 스티치를 위로 반복하면 새틴 스티치가 완성된다.

   우리는 주로 원 사이디드 새틴 스티치를 추천한다. 위아래를 당기는 더블 사이디드 스티치 과정은 천을 울게 만들 수 있기 때문이다. 하지만 종종 한쪽 면만 바느질하기 힘들 때가 있으니 편리함과 타당함 사이에서 길을 찾아야 한다.

2. 사진에 보이는 대로 첫 번째 바늘땀과 평행하게 두 번째 스트레이트 스티치를 수놓는다.

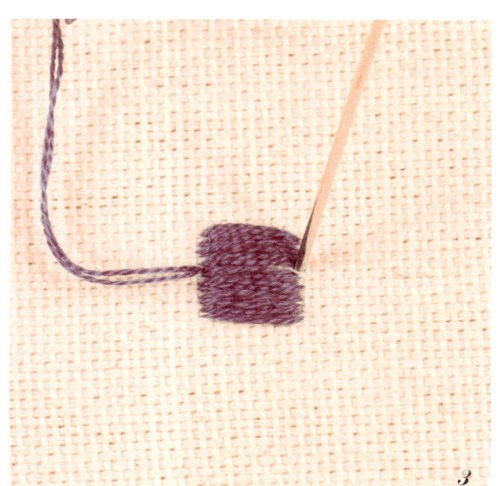

3. 이 과정을 반복하면 같은 길이의 바늘땀이 평행하게 나열된다. 원하는 만큼 표면이 촘촘하게 덮이지 않았다면, 사진에 보이는 대로 빈 지점으로 돌아가 다시 쉽게 채울 수 있다.

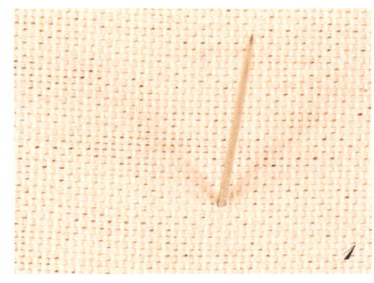

프렌치 노트 스티치

프렌치 노트는 노티드(knotted, 매듭) 스티치로도 불린다. 어떤 쪽이든 기억하기 쉬운 쪽으로 부르면 된다. 우리가 자수를 처음 시작했을 때는 프렌치 노트로만 알았는데, 많은 이들이 노티드 스티치로 부른다는 사실을 알았을 때 정말 재미있었다.

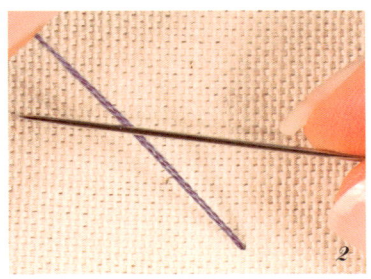

프렌치 노트 방법

1 천의 아래에서 위로 실을 통과 시킨다.

2 오른손으로 바늘을 잡고(왼손잡이면 왼손으로), 실을 왼손으로 잡아 왼쪽(오른쪽)으로 당긴다. 그외 동시에 바늘을 팽팽해진 실 위에 놓는다.

3 실을 원하는 만큼 바늘에 감는다. 우리는 보통 2번 감는다. 많이 감으면 노트(매듭)가 커진다.

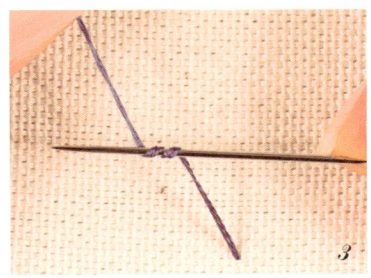

4 바늘 끝을 천을 향해 내리고, 실이 올라온 바로 옆 지점으로 통과시킨다. 바늘이 통과할 때도 실을 계속 팽팽하게 유지한다. 마지막 순간 끝까지 놓지 않아야 매듭이 천과 가까이 깔끔하게 나온다. 이제 노트가 완성됐다.

프렌치 노트로 작은 꽃이나 풀, 돌처럼 다양한 대상을 표현할 수 있다. 또한 작품에 질감을 더하고 싶을 때 알맞은 기술이다. 실의 두께(가닥 수)와 감는 숫자를 조절해 다양하고 효과적으로 표현해보자. 예를 들어 덤불을 표현할 때 2번 감기와 3번 감기를 번갈아 사용하면 적은 노력으로 자연스러운 변화를 줄 수 있다.

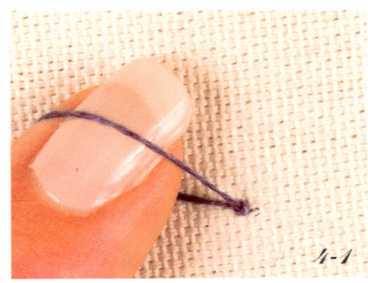

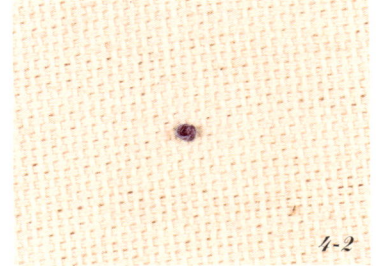

❁자수 스티치 기법의 도움을 얻을 수 있는 곳

책을 통해 자수 기술을 완벽하게 이해하기 어렵다면, 샤를과 엘린 아카데미의 무료 바느질 영상 도서관(charlesandelinacademy.com)을 둘러보자. 자수에 자신감을 얻을 수 있다.

나만의 자수를 완성하자

마지막으로, 본격적으로 자수에 뛰어들기 전 작품을 완성하면 액자에 걸어둘지 아니면 다른 곳에 활용할지 생각해보자. 물론 자수를 즐기는 과정도 중요하지만, 작품의 목적이 확실하면 더 많은 동기부여가 되고 영감을 얻을 수 있다.

완성된 작품은 2가지 방향으로 활용할 수 있다. 우선 당신이 좋아하는 벽에 독특한 예술 작품으로 걸어두는 것이다. 수틀를 액자로 활용하여 남은 천을 수틀에 두르고 깁거나 풀로 붙여도 좋다. 둥근 테가 마음에 들지 않으면 나무 캔버스 액자에 천을 펴서 끼워도 된다. 그 다음으로 자수가 새겨진 천을 잘라 다른 곳에 덧댈 수도 있다. 잘라낸 자수는 옷이나 쿠션 커버, 하물며 가방에 기워도 된다.

프랑스, 쥬뗌므

여기에는 두 명의 젊은 예술가가 파리에서 만든 사랑 이야기, 그이상이 담겨 있다. 산과 언덕, 꽃이 피는 들판과 대양의 아름다운 풍경, 로맨틱한 속삭임, 섬세한 요리와 와인, 그리고 사랑의 도시 파리에 관한 모든 것을 담고 있는 사랑의 선언문이기도 하다.

이 장에 실린 작품들은 당신을 사랑의 나라로 안내한다. 먼저 우리의 첫 스튜디오 아파트에서 바라본 에펠탑의 전경을 감상하자. 그다음 몽마르트의 좁은 거리로 발걸음을 옮겨 보자.

이어서 카페 레 되 마고에 도착해 뜨거운 에스프레소를 마시자. 당신이 파블로 피카소, 어니스트 헤밍웨이, 줄리아 차일드, 제임스 볼드윈, 리처드 라이트 등 엘리트 예술가들과 이야기를 나눈다고 상상해보자.

파리는 우리를 끊임없이 놀라게 한다. 이곳의 거리를 평생 거닐던 샤를도 숨겨진 보석들을 여전히 자주 발견한다. 자수 여행을 시작하기에 완벽한 장소임에 틀림없다. 파리는 자수의 과정 속에 더 깊이 빠져들게 만든다.

파리 브르퇴이 거리

우리의 첫 번째 집에 온 걸 환영한다. 이 작품은 브르퇴이 거리에 위치한 우리의 작은 스튜디오에서 바라본 풍경에서 영감을 얻었다. 유구한 역사를 품고 있는 지역이지만, 우리가 '하녀의 방'으로 불렀던 지붕 밑의 집은 멋과는 거리가 멀었다. 하지만 이곳에서 보이는 황홀한 에펠탑의 전경 덕분에 다른 건 아무것도 눈에 들어오지 않았다. 특히 밤마다 에펠탑이 만들어내는 조명의 반짝임은 너무나 아름다웠다.

이 작품은 구도가 복잡해 약간 까다롭게 느껴질 수도 있지만, 우리가 자수 여행을 처음 시작한 곳에 의미를 두고자 가장 처음에 소개한다. 어렵게만 보지 말고 자수 여정의 시작을 알리는 환상적인 첫 발걸음으로 생각하자. 파리에 직접 다녀왔거나 그곳에 사는 지인이 있다면, 이런 테라스 풍경처럼 훌륭한 전경이 잘 없다는 걸 알 것이다. 대부분 이곳의 학생들은 작품 속 지붕 아래 작은 방에서 학창 시절을 보내는데, 자수를 하는 분들에게도 비슷한 기분이 전해지길 바란다.

모든 자수 작품의 성공 비법은 먼저 그 과정을 마음에 새기는 데 있다. 최종 결과물에 집착하지 말고, 한 번에 하나씩 선을 덧대어 나가는 행위에 집중하자. 도안이 어려워 보일지라도 전체의 95%를 백 스티치 기술 하나로 만들었다. 나의 실을 잉크라고 생각하고 조심스럽게 선을 이어가다 보면 엄청난 창의적 성취감을 얻을 수 있다.

수놓기

재료

일반 복사용지

먹지(혹은 선호하는 밑그림 방법)

무명 캔버스

지름 20cm 나무 수틀

6~9호 바늘

DMC 실 색 참조

310, 986, 905, 92

시작하기 전

옆 페이지의 디자인 · 도안 스케치를 일반 복사지에 복사한다. 먹지를 이용해 천 위에 복사한 디자인을 옮긴 뒤, 천을 수틀에 고정한다. 먹지로 밑그림을 옮기는 방법이 궁금하다면 12쪽을 참조하자.

디자인의 구도는 3단으로 구성되어 있다. 배경은 거리 반대쪽에 있는 에펠탑과 집들이고, 중경은 가로수 길을 따라 자란 나무들로 이루어져 있다. 마지막으로 근경은 오른쪽에 보이는 이웃집이다.

구도가 여러 단계로 이루어진 복잡한 디자인을 자수할 때는 첫 시작이 중요하다. 이런 구도와 디테일은 깊이감과 원근감을 더한다. 무엇이 가장 멀리 있고 무엇이 가장 앞에 있을까? 항상 뒷 부분을 먼저 수놓고 그 위로 층을 쌓아야 한다. 꼼꼼하게 작업하면서 배경의 디테일을 놓치지 않는다면, 한층 더 뛰어난 자수 작품을 완성할 수 있다.

모든 윤곽선: 백 스티치
1가닥
DMC 310

이쪽 거리의 모든 작은 발코니:
겹(오버래핑) 스트레이트 스티치
1가닥 DMC 310

겹(오버래핑) 스트레이트 스티치
2가닥
DMC 986, 905

DMC 905, 986

겹(레이어드) 백 스티치
1가닥
DMC 310

프렌치 노트 스티치
2가닥 DMC 92

✎ 실 1가닥을 사용해 백 스티치 기술로 윤곽선을 수놓는다. 나만의 창의성을 더해 선을 직관적으로 수놓다보면 예술의 여정 속에서 자유를 만끽할 수 있다. 윤곽선을 잘 만들어야 작품의 바탕이 훌륭하게 나온다는 점을 명심하자.

그래도 막막하다면 '시작하기 전'에서 언급한 개념을 되새겨보자. 가장 멀리 있는 왼쪽 건물들의 윤곽을 수놓고, 외부선부터 시작해 안쪽으로 향하며 디테일을 더한다. 그 후 오른쪽의 건물을 작업하며 펜스 안쪽에 있는 모든 세부적인 요소들을 표현해준다. 아직 덮이지 않은 상태로, 나중에 펜스를 덮는 작업이 들어간다. 예로, 사진 1에서 펜스 안쪽의 모든 요소들이 수놓아진 모습을 볼 수 있다. 에펠탑은 마지막으로 작업하자. 처음부터 수놓으면 부담스러울 수 있다.

2 에펠탑 수놓기는 어려워 보일 수 있지만 다음 과정을 차분히 따라가면 완성할 수 있다.

   a. 3개의 세로 기둥을 백 스티치로 잡으며 시작한다.

   b. 그 후, 스트레이트 스티치를 사용해 왼쪽 면을 사선으로 수놓아 올라가며 채워준다.

   c. 마지막으로, 스트레이트 스티치를 사용해 반대 방향(아래로 향하며)으로 내려오며 오른쪽 면을 채운다. 이렇게 만들어진 작은 격자무늬 도안은 바느질의 섬세한 느낌을 살려준다.

3 배경의 발코니와 덧문은 반복되는 선이 많아 복잡하다고 생각할 수 있지만, 쉽게 표현하는 요령이 있다. 작은 덧문은 스트레이트 스티치로 가능한 짧게 잡아 표현하면 된다.

발코니는 바늘땀들이 너무 똑같아 보이지 않도록 스트레이트 스티치를 무작위로 겹쳐서 표현한다. 핵심은 표면을 완전히 덮지 않는 것이다. 바늘땀 사이로 천이 조금씩 보여야 한다. 자수를 조금 멀리서 보면 아주 섬세하게 표현된 발코니처럼 보인다!

4 윤곽선 및 세부 표현을 마쳤다면 이제 녹색의 나뭇잎을 수놓을 차례다. 실 2가닥을 사용해 어떤 자수 스티치 기법을 사용해야 잎사귀를 잘 표현할 수 있을지 상상해보자. 잎을 바느질하려면 2개의 스트레이트 스티치가 나란히 있되 한쪽 끝은 같은 구멍에서 나오도록 수놓아야 한다. 작품의 표면에 질감을 더해 살아있는 나무처럼 보이게 하고 싶다면, 잎의 방향을 다양하게 겹쳐서 만들어야 한다. 그리고 도안에 표시된 대로 미묘하게 다른 2개의 녹색 실을 활용하자. 여기에는 맞고 틀린 게 없기 때문에 자신의 과정을 믿어야 한다. 무작위로 만드는 것에 집중하여 색의 미묘한 차이와 잎의 방향을 잘 활용해야 생동감 넘치는 결과물을 얻을 수 있다.

5 이제 오른쪽에 있는 발코니를 수놓아보자. 다음 단계별로 따라하면 과정이 더 쉽게 느껴진다.

 a. 첫째, 위와 아래 2개의 가로선을 만들어 펜스의 세로선이 시작하고 끝나는 기둥을 만든다. 실 1가닥을 써서 백 스티치로 수놓는다.

 b. 상단 2번째 라인에서 시작하는 세로선들을 수놓는다. 선이 번갈아가며 미세하게 길어졌다 짧아졌다 하는 것이 포인트다. 다음 단계에서 선들 사이에 원을 추가해야 하므로 천에 완전히 붙으면 안 된다. 밑그림을 자세히 보고 선들과 연결점들을 꼼꼼히 확인하자. 바느질 방법을 선택하기 어렵다면 옆 페이지에서 설명하는 '연필로 작품 따라 그리기(노트)'를 해보자.

 c. 위에서 아래로 나열된 수직선들 사이사이 남은 공간을 큰 원들로 채운다. 즉 원의 윗부분이 짧은 수직선에 닿는 반면에 원의 양 옆면은 더 긴 수직 라인들과 닿아야 한다(사진을 자세히 관찰하자).

 d. 하단 원들의 중앙에 작은 프렌치 노트 스티치를 만든다.

 e. 매듭을 기준으로 원을 정확히 3등분하되(사진 6 참고), 선들 중 하나를 바닥에 수직으로 내린다. 나머지 2줄은 원 밖으로 뻗어 곡선으로 이어진다. 곡선을 잘 표현하려면 바늘땀을 최대한 짧게 만들어야 한다.

6 실 2가닥으로 2번 감아 만든 프렌치 노트들을 발코니 위에 수놓아 넝쿨을 표현한다. 매듭을 서로 가까이 붙여 질감을 더한다.

note

도안은 눈으로만 보면 어려워 보일 수 있으므로, 연필로 따라 그리며 눈과 손이 작품의 형태에 익숙해지도록 해보자. 디자인 형태와 선의 방향 연습이 목적이기 때문에 천이나 먹지를 깔지 않아도 된다. 이런 종류의 디자인 도안을 멋지게 수놓는 비결은 면밀한 관찰이다. 이 작품을 완성하면, 성취감과 함께 창의적 만족감도 느낄 수 있다.

파리 몽마르트

공식 지정된 역사 지구인 몽마르트의 거리를 걸으면 역사의 발자취가 그대로 느껴진다. 중앙에 자리 잡은 작은 광장인 테르트르에 예술가들이 모여 앉아 있는 모습을 보면, 현대 예술의 산실인 몽마르트의 세월이 스쳐 지나간다. 과거에는 피카소, 달리, 세잔, 반 고흐, 모네 같은 예술가들도 테르트르 광장 인근에서 활동했다고 한다. 매년 수많은 여행객이 찾을 정도로 번잡한 이곳은 파리의 좁은 뒷골목을 아는 사람이라면 쉽게 빠져나갈 수 있다. 우리는 이런 골목들에서 영감을 얻어 도안을 만들었다.

자수를 놓으며 스스로에게 질문을 던져보자. "누가 이곳을 걸었을까?", "사크레 쾨르 성당으로 향하는 길의 끝에는 무엇이 기다리고 있을까?" 이 작품은 실 1가닥으로 백 스티치 기술을 사용해 만든 깔끔한 선을 바탕으로 했다. 우리가 사용하는 자수 스티치 기법보다 작품이 가진 이야기에 더 집중할 수 있게 만드는 이유다.

수놓기

재료
일반 복사지
먹지(혹은 선호하는 밑그림 방법)
무명 캔버스
지름 20cm 나무 수틀
6~9호 사이즈 바늘

DMC 실 색 참조
310, 986, 987, 3346

시작하기 전

옆 페이지의 디자인·도안 스케치를 일반 복사지에 복사한다. 먹지를 이용해 천 위에 복사한 디자인을 옮긴 뒤, 천을 수틀에 고정한다. 먹지로 밑그림을 옮기는 방법이 궁금하다면 12쪽을 참조하자.

이 작품은 창의 덧문이나 길가의 돌처럼 짧은 선들이 많이 나온다. 짧은 직선들을 모두 밑그림으로 옮기지 말고, 전체적인 윤곽만 잡은 뒤 디테일은 나중에 자유롭게 채워나가자. 먼저 윤곽선을 완성하고, 나뭇잎이 있는 부분은 공백으로 남겨 놓는다. 그런 다음 잎들이 있어야 할 곳이 어디인지 머릿속으로 떠올려보고 창의성을 발휘해 완성한다.

필요한 도안을 모두 옮겼으면 천을 수틀에 끼운다.

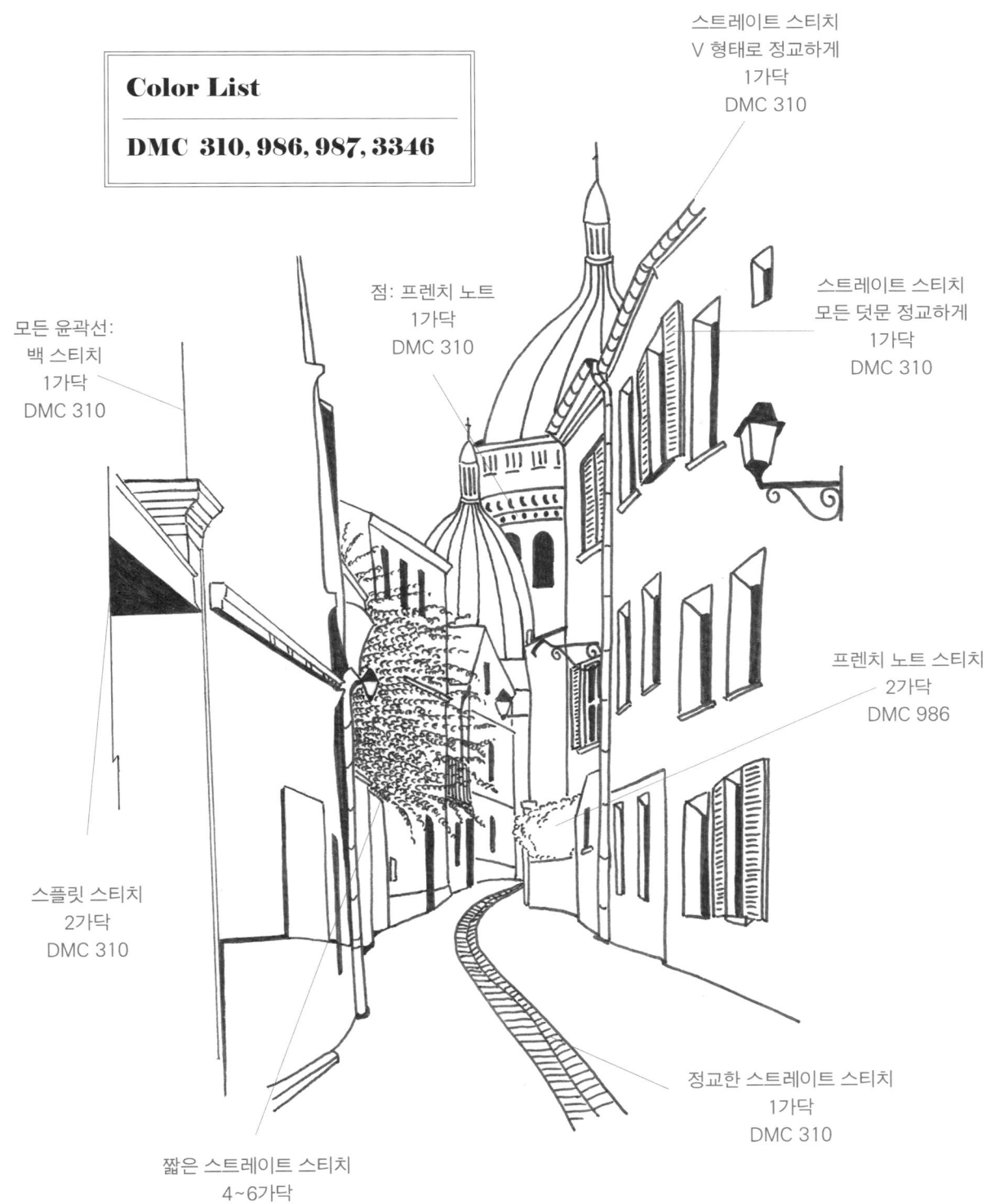

Color List

DMC 310, 986, 987, 3346

스트레이트 스티치
V 형태로 정교하게
1가닥
DMC 310

점: 프렌치 노트
1가닥
DMC 310

스트레이트 스티치
모든 덧문 정교하게
1가닥
DMC 310

모든 윤곽선:
백 스티치
1가닥
DMC 310

프렌치 노트 스티치
2가닥
DMC 986

스플릿 스티치
2가닥
DMC 310

정교한 스트레이트 스티치
1가닥
DMC 310

짧은 스트레이트 스티치
4~6가닥
DMC 3346
DMC 987

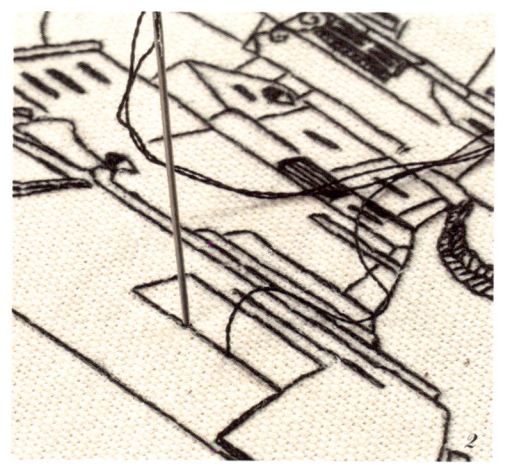

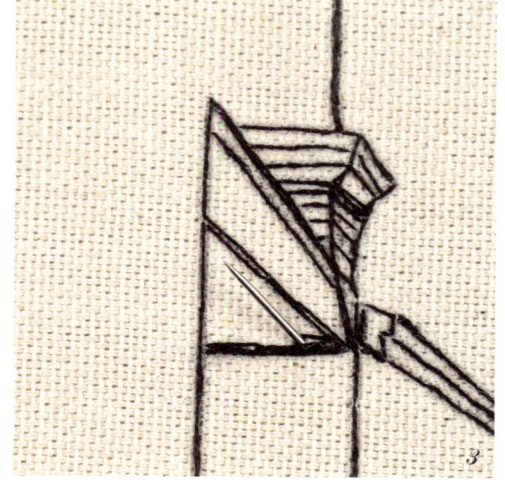

1 실 1가닥으로 백 스티치 기법을 사용해 모든 윤곽선을 수놓는다. 영감이 떠오르는 곳부터 시작하되, 모든 선을 완전히 수놓아야 한다. 일반적으로는 바깥쪽 선부터 시작하는 게 좋으며, 건물 주변에서 시작해 창문과 덧문 등 안쪽 윤곽선을 추가해나가면 좋다. 둥근 돔을 수놓을 때는 바늘땀을 짧게 만들어야 둥근 부분을 쉽고 부드럽게 표현할 수 있다.

2 먼저 기본적인 윤곽선을 마무리했다면, 작품을 다시 보고 작은 그림자를 추가하고 싶은 윤곽선에 백 스티치로 선을 한두 번 더한다. 그림자를 자유롭게 표현할 자신이 없으면 완성된 자수 작품 사진을 살펴보자. 명암 추가에 도움을 얻을 수 있다. 세세한 부분을 표현하다 보면 원근감과 입체감을 빠르게 표현할 수 있다.

3 넓은 면적은 실 2가닥을 써서 스플릿 스티치로 채워나간다. 왼쪽에 있는 지붕 밑 부분과 창문들 안쪽에 검게 채워지는 부분이다. 자신만의 창의성을 발휘해 특정 면적을 채워도 된다. 여러분의 최종 작품이 꼭 우리의 디자인과 똑같으리라는 법은 없다. 과감하게 나만의 개성을 드러내보자.

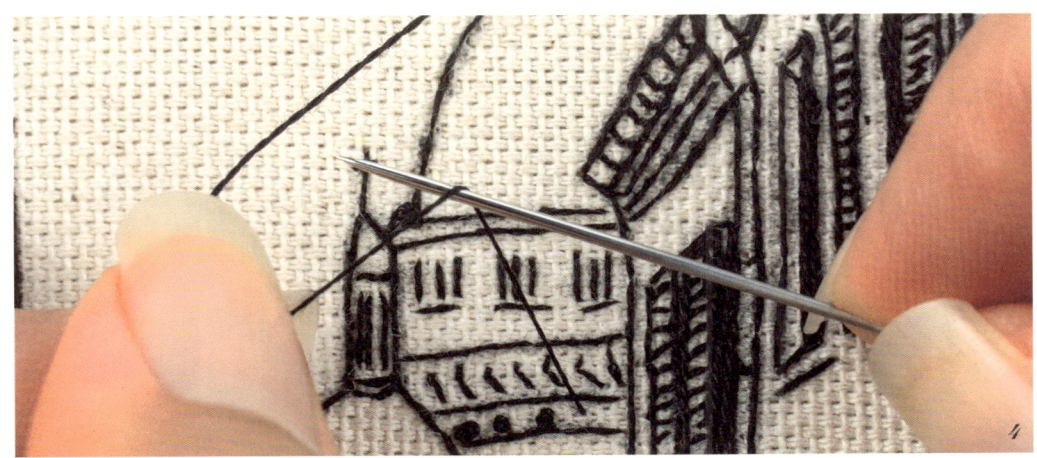

4 실 1가닥을 2번 감아 프렌치 노트 스티치를 만들어 돔에 디테일을 더한다.

5 실 1가닥으로 짧게 수를 놓아 덧문을 완성한다. 같은 방식으로 길 위의 돌들도 만든다. 길과 덧문의 비율을 맞추고, 바늘땀의 각도에 주의해서 수놓는다. 길 가운데에는 스트레이트 스티치로 V자에 가까운 모양을 넣어 실제 형태를 살려준다. 이는 몽마르트 거리의 높은 곳에서부터 배수가 잘 될 수 있도록 만들어 놓은 일종의 물길이다.

6 마지막으로 수풀을 더한다. 왼쪽과 오른쪽의 수풀에 차이를 두기 위해 오른쪽은 프렌치 노트 스티치를 만들고, 왼쪽은 스트레이트 스티치를 덧대어 만든다(사진 참조). 작은 스트레이트 스티치 하나하나가 잎을 표현한다고 상상해보자. 각각의 스티치에서 두 번째 겹바느질은 같은 구멍에서 끝나야 한다. 실을 4~6가닥씩 다양하게 섞어 사용하면 바늘땀들이 두꺼워지며 질감을 더하는 효과를 얻을 수 있다.

스트레이트 스티치를 층층이 쌓아가며 잎들을 키워 나가되, 무작위로 겹치게 해야 실제 나무 같이 자연스럽게 표현된다.

파리 카페 레 되 마고

어니스트 헤밍웨이나 파블로 피카소와 함께 커피를 마시는 모습을 상상해본 적 있는가? 레 되 마고는 1884년에 생 제르맹 데 프레에 문을 연 유명 카페로, 당시 파리에 머물렀던 문학가와 지성인들의 만남의 장소로 알려져 있다. 1933년부터 매년 레 되 마고 문학상을 수여한다. 덕분에 이곳은 지금까지 문학과 관련된 명성을 유지하고 있다.

테라스에 앉아 글을 쓰면 생각이 한곳으로 흘러가듯, 이 작품을 수놓을 때면 순수한 즐거움이 밀려온다. 여러분도 햇빛이 따사롭게 내리는 장소에서 수를 놓아보면 어떨까.

수놓기

재료
일반 복사지
먹지(혹은 선호하는 밑그림 방법)
무명 캔버스
지름 20cm 나무 수틀
6~9호 사이즈 바늘

DMC 실 색 참조
310, 501, 05, 520, 677

시작하기 전

옆 페이지의 디자인·도안 스케치를 일반 복사지에 복사한다. 먹지를 이용해 천 위에 복사한 디자인을 옮긴 뒤, 천을 수틀에 고정한다. 먹지로 밑그림을 옮기는 방법이 궁금하다면 12쪽을 참조하자.

세밀한 표현이 많은 디자인으로, 특히 위쪽 발코니에 많다. 밑그림을 그릴 때는 중요한 선만 옮기는 것에 집중하자. 발코니 위의 둥근 모양들은 밑그림 없이 자유롭게 표현해보자(S자 사이의 직선만 옮긴다). 나중에 천 위에 연필로 그림을 직접 그린 뒤 수놓아도 좋고(종이 위에 먼저 연습을 해보자), 아니면 밑그림 없이 곧장 수놓아도 된다. 의자도 마찬가지다.

용기를 내어 할 수 있다고 믿자. 우리는 할 수 있다. 만약 의자를 자유롭게 표현할 자신이 없다면 먹지에 자유롭게 밑그림을 그려도 된다.

필요한 도안을 모두 옮겼으면 천을 수틀에 끼운다.

Color List

DMC 310, 501, 05, 520, 677

모든 윤곽선:
백 스티치
1가닥
DMC 310

세로 새틴 스티치
2가닥
DMC 310

모든 화분
가로 새틴 스티치
2가닥
DMC 310

백 스티치
2가닥
DMC 677

모든 식물은
은 스트레이트 스티치
2가닥
DMC 520

LES DEUX MAGOTS

LES DEUX MAGOTS

글자는 선택:
백 스티치
1가닥
DMC 677

스플릿 스티치
2가닥
DMC 05

모든 파라솔
세로 새틴 스티치
2가닥
DMC 501

모든 의자: 백 스티치
1가닥
DMC 310

1 전체 윤곽선부터 시작한다. 검은색 실 1가닥으로 모든 선을 백 스티치로 수놓는다. 다시 말하지만, 가장 느낌이 오는 부분부터 자유롭게 시작하면 된다. 우리도 항상 재미있어 보이는 부분부터 자수를 시작한다. 꾸준히 자수를 하며 모든 선을 채우는 일이 중요할 뿐, 어디서부터 시작하는지는 중요하지 않다. 이것은 맞고 틀리고의 문제가 아니다. 영감을 잃지 않고 작품의 완성 속도를 높이는 한 가지 팁을 주자면, 건물의 기둥과 차양막 같은 중요한 선을 먼저 수놓은 뒤, 건물의 블록 같은 작은 선을 작업하는 것이다.

2 윤곽선을 수놓은 다음, 발코니의 세부적인 작업을 시작하자. 걱정은 접어두고 과정을 최대한 단순하게 만든다. 세로선들을 아직 수놓지 않았다면 먼저 채우는 게 좋다. 둥근선의 크기를 정하는 데 도움을 준다.

둥근선은 S자선에 가깝다. 보통의 선처럼 취급하되 바늘땀을 최대한 짧게 만들어야 모양이 부드럽게 나온다. 밑그림 없이 S자를 수놓을 자신이 없으면, 직접 연필로 천 위에 S자 모양을 반복해서 그린다. 빈 종이나 원본 그림 위에 먼저 따라 그리는 연습을 하며 손을 익숙하게 만든다.

3 2층 발코니를 받치고 있는 기둥의 검은 부분은 세로 새틴 스티치로 채운다. 실을 2가닥 사용하면 표면을 입체적으로 채울 수 있다. 뿐만 아니라, 살짝 볼륨감이 생기며 윤곽선들과 대조를 이루고 질감까지 더해진다.

창문의 화분도 똑같은 방법으로 표현한다. 다른 점이 있다면 긴 면은 가로로 새틴 스티치하고 짧은 면은 세로로 새틴 스티치를 사용해야 한다.

4 차양막은 실 2가닥을 써서 대각선 스플릿 스티치로 채운다. 차양막의 각도에 맞춰 수놓는 게 중요하다. 각도를 잘 맞추면 차양막이 벽에서 튀어나와 보이는 효과와 함께 3D 질감을 더해준다.

5 차양막의 아랫 부분을 새틴 스티치로 세로로 수
놓는다. 바늘땀의 길이에 약간 변화를 줘 끝의 물
결 모양을 강조하되 전체적인 수평을 유지해야
한다. 실은 계속 2가닥을 사용한다. 차양막과 땅
에 있는 파라솔 모두 같은 방법을 사용한다.

6 작은 잎사귀들은 실을 2가닥 써서 스트레이트 스
티치로 표현한다. 잎은 스트레이트 스티치로 2회
수놓는데, 각각의 끝이 같은 구멍으로 들어갈 수
있도록 바깥쪽 잎에서 시작해 안으로 진행한다.
안쪽 잎을 자연스럽게 바깥쪽 잎과 겹치며 볼륨
감을 만들어준다(사진 참조).

7 실을 2가닥 사용해 '레 되 마고' 글자를 백 스티치
로 세기면 볼륨감도 살아나고, 뒤쪽 화분들과 확
연히 구분되는 느낌을 줄 수 있다.

8 마지막으로, 글자를 세기는 데 썼던 실로 차양막
의 물결 모양을 따라 수놓는다. 이때는 실을 1가
닥만 써서 백 스티치로 수놓는다.

파리 노트르담 대성당

시테 섬에 위치한 파리의 노트르담 대성당은 전 세계를 충격에 빠뜨린 화재 이후 복구에 전력을 다하고 있다. 2019년 4월 16일 프랑스 정부는 훼손된 부분을 반드시 옛 모습과 똑같이 재현해야 한다는 법안을 통과시켰다고 한다.

1160년부터 1260년까지 건축된 노트르담 대성당은 프랑스 고딕 건축의 정수로 여겨진다. 이제 우리도 유네스코 세계유산 보호지역을 자수 작품으로 되살릴 차례다. 복잡한 구조물일수록 단순하게 표현하는 것이 하나의 비결이다. 선을 깔끔하게 정리하는 데 집중하면, 굳이 바느질을 복잡하게 하지 않아도 충분히 효과적으로 표현할 수 있다.

수놓기

재료

일반 복사지

먹지(혹은 선호하는 밑그림 방법)

무명 캔버스

지름 20cm 나무 수틀

6~9호 사이즈 바늘

DMC 실 색 참조

310, 500, 890, 986

시작하기 전

옆 페이지의 디자인·도안 스케치를 일반 복사지에 복사한다. 먹지를 이용해 천 위에 복사한 디자인을 옮긴 뒤, 천을 수틀에 고정한다. 먹지로 밑그림을 옮기는 방법이 궁금하다면 12쪽을 참조하자.

다양한 구성 요소들의 주요 윤곽선을 밑그림으로 옮기되, 정면 안쪽의 둥근 창문들이나 벽에 밀접하게 붙어 있는 디테일한 선들, 다리와 계단처럼 세세한 부분은 옮기지 않는다. 이 부분을 작업할 때는 원본을 참조해 자유롭게 선을 만든다.

이파리들의 공간은 일단 비워놨다가 나중에 재량껏 채우기를 추천한다. 성당 건물의 정교한 선을 작업한 후 당신에게 주어지는 고요한 휴식 시간으로 여겨주기를.

필요한 도안을 모두 옮겼으면 천을 수틀에 끼운다.

모든 윤곽선:
백 스티치
1가닥
DMC 310

세로 스플릿 스티치
1가닥
DMC 310

모든 나무: 겹(오버래핑)
스트레이트 스티치
나무별 추천 색 참조
2가닥
DMC 986

DMC 890

DMC 986

DMC 890

DMC 500

계단+벽 디테일
스트레이트 스티치
1가닥
DMC 986

모든 그림자: 스플릿 스티치
1가닥
DMC 310

DMC 500

1 실을 1가닥 써서 백 스티치로 윤곽선을 수놓는다. 모든 작품이 그렇듯이 어디서부터 시작해야 한다는 정답은 없다. 그저 옮겨 놓은 모든 선을 채우기만 하면 된다. 단, 왼쪽의 건물과 성당의 외부 선들을 먼저 채우고 난 뒤 작고 세밀한 부분을 시작하면 좋다. 작은 디테일들은 주요 선들과의 상관관계와 위치를 이해하고 나면 더 쉽고 자유롭게 채워나갈 수 있다.

Tip 작고 둥근 모양을 정확하게 표현하려면 바늘땀을 짧게 만들어야 한다.

2 계단처럼 짧은 선들은 스트레이트 스티치 한 번으로 쉽게 수놓을 수 있다. 작고 얇은 선들이 여러 번 반복돼 어려워 보일 수도 있지만 과정 자체가 어렵진 않다.

3 외곽선 작업이 마무리되면, 실 1가닥으로 백 스티치를 사용해 두 번째 선을 덧대 디테일을 강조한다. 선을 덧대는 작업은 완성된 자수 작품이나 도안 원본을 참고하자. 외곽선에 층을 주면 그렇지 않은 선들과 대조되어 입체감이 더해지고 복잡한 구조가 눈에 더 잘 들어온다. 만약 이 작업이 복잡하게 느껴진다면 꼭 해야 하는 일은 아니므로 외곽선을 단선으로 남겨두어도 좋다.

4 디자인의 특성상 검게 채워야 하는 부분에도 실을 1가닥만 사용한다. 스플릿 스티치와 스트레이트 스티치를 편하게 섞어 표면을 부드럽게 덮어준다. 구조물 작업은 실을 1가닥만 사용해 높은 수준의 정교함을 유지한다. 이것이 바로 작품을 특별하게 만들어주는 핵심 포인트다.

5 특정 부분을 수놓기 힘들면 종이와 연필로 선을 따로 그리며 손에 감각을 익힌다. 자수를 어떻게 놓아야 할지 감이 잡힐 것이다. 선을 단순하고 작게 나누어 어떻게 자수로 표현할지 생각하며 그린다. 예를 들어, 벽에 디테일을 수놓는 작업(사진 속 바늘 부분)은 작은 타원들을 붙여놓았을 뿐인데 아주 정교해 보인다. 단순화시켜 표현해보자.

6 잎들은 단계적으로 수놓는다. 잎의 위치를 정할 때 도움을 줄 뿐만 아니라, 전체 과정을 더 빠르게 익힐 수 있고, 동기부여와 영감을 유지해준다.

각각의 잎은 스트레이트 스티치 2번으로 수놓는데, 한쪽 끝이 같은 구멍으로 들어가게 한다. 스트레이트 스티치 한 쌍이 잎을 나타낸다고 상상해보자. 잎들이 자라는 위치를 자유롭게 떠올리며 수를 놓는다.

같은 원리를 적용해 생각이 떠오르는 대로 색도 배치해보자. 나무의 위쪽이 햇빛을 더 많이 받으므로, 위쪽 잎들을 아래쪽 잎들보다 더 밝은 느낌으로 수놓는다(색 목록 가이드를 참고하자).

7 나무의 형태가 전체적으로 완성되면, 그 위에 잎을 겹겹이 넣어 공간을 채운다. 그래야 생생하고 표면의 질 감이 잘 표현된 작품이 나온다.

프로방스 거리

이 작품은 자유롭게 표현하며 여유를 즐길 기회가 수두룩하다. 프로방스의 심장이라 할 수 있는 뒷골목의 건축물들을 완성한 뒤 꽃들을 마음껏 배치하며 수놓아 보자.

꽃나무에 매듭을 하나씩 추가하며 그 향기를 떠올려보면 어떨까. 여러 가지 색을 사용해 매듭을 조금씩 더해가며 입체감을 표현해보자.

다양한 빛깔로 한 땀씩 수놓다 보면 꽃이 빛을 받는 정도를 고려해 표현할 수도 있다. 또 한 꽃의 생장 단계에 따라 활짝 핀 꽃과 이제 막 꽃잎을 틔운 꽃을 생생하게 표현할 수도 있다.

수놓기

재료
일반 복사지
먹지(혹은 선호하는 밑그림 방법)
무명 캔버스
지름 20cm 나무 수틀
6~9호 사이즈 바늘

DMC 실 색 참조
115, 310, 3799, 648, 986

시작하기 전

옆 페이지의 디자인 · 도안 스케치를 일반 복사지에 복사한다. 먹지를 이용해 천 위에 복사한 디자인을 옮긴 뒤, 천을 수틀에 고정한다. 먹지로 밑그림을 옮기는 방법이 궁금하다면 12쪽을 참조하자.

이 작품을 옮길 때는 꽃들 사이로 연필 자국이 보일 수 있으므로 작은 꽃의 밑그림은 그리지 않는다. 대신 프렌치 노트 스티치로 꽃가지를 자유롭게 표현해보자. 도로와 지붕의 타일들도 같은 방식으로 밑그림 없이 배치해본다. 건물의 외곽선만 옮기고, 세세한 부분은 원본 디자인을 보고 대략적인 위치를 참고해 자유롭게 표현하자.

필요한 도안을 모두 옮겼으면 천을 수틀에 끼운다.

모든 꽃: 프렌치 노트 스티치
2가닥
DMC 115

프렌치 노트 스티치
2가닥
DMC 648

모든 외곽선:
백 스티치
1가닥
DMC 310

겹(오버래핑)
스트레이트 스티치
2가닥
DMC 986

그림자:
세로 스플릿 스티치
2가닥
DMC 310

프렌치 노트 스티치
2가닥
DMC 3799

1   실을 1가닥 써서 백 스티치로 윤곽선을 수놓는다. 둥근 모양은 언제나 바늘땀을 짧게 잡아야 한다는 것을 기억하자. 지붕의 타일은 백 스티치로 2~3개의 짧은 바늘땀을 이어가며 곡선으로 표현한다(사진1의 왼쪽 아래 타일 참조). 모든 작품이 그렇듯 영감이 느껴지는 부분부터 시작한다. 중요한 점은 윤곽선들을 모두 수놓은 후에 다음 단계를 진행해야 한다. 느낌이 오는 곳이 없다면 바깥쪽부터 안쪽으로 세세한 작업을 이어가자.

2   실을 1가닥 써서 스트레이트 스티치로 덧문의 디테일을 표현한다. 작품 왼쪽의 덧문들은 가로선이 틀 안의 양쪽 끝에 닿도록 수놓는다(사진 2에 나와 있지 않으니 덧문의 도안을 따로 확인하자).

오른쪽의 덧문들은 위로 비스듬하게 디테일을 살려, 뒤집어진 V자 모양처럼 만든다(사진 2 참조). 덧문들이 살짝 열린 것처럼 보이는 착시 효과와 입체감을 준다. 방 안에 신선한 공기를 들이고 싶은데 햇빛은 막고 싶을 때 쓰는 창문 모양이다.

3   이제 그림자들을 채울 시간이다. 실을 2가닥 써서 스플릿 스티치로 세로 방향부터 수놓는다. 어디를 채워야 할지 모르겠다면 완성된 작품을 보거나 도안을 확인한다.

4 구조물의 기초가 완성됐으면 꽃 매듭을 만들어 보자. 실을 2가닥 써서 프렌치 노트 기술을 사용한다. 한 줄 한 줄 꽃가지를 하나씩 차례로 완성한다. 그래야 산책로 위로 늘어진 꽃가지 도안을 살려 수월하게 만들 수 있다. 또한 다양한 색의 실을 배치해 꽃가지의 선들이 자연스럽게 서로 다른 음영을 갖게 한다.

어느 방향으로 이어가야 할지 잘 모르겠다면 햇빛이 어느 쪽에서 비추고 있을지 상상해보자. 밝은 색의 실은 (하늘에 가까운) 높은 쪽의 가지에 사용하고, (거리에 가까운) 아래쪽의 가지는 어두운 색 실을 사용한다.

자유로운 요소가 있기에 마음 가는 대로 매듭을 반복해서 만들며 완벽한 여유의 순간을 만끽할 수 있다. 또 바늘에 실을 감는 횟수에 변화를 주어 꽃의 크기를 달리해도 좋다. 어떤 건 매듭을 3~4번 감아 약간 더 크게 만들고 나머지는 1~2번 감아 작고 깔끔하게 만드는 식이다.

꽃 피는 봄에 당신이 가장 좋아하는 곳에서 일주일을 머문다고 상상해보자. 누구와 함께 가면 좋을까? 아니면 혼자 휴식을 즐기는 건 어떨까?

5 창가에 놓인 작은 화분의 잎들은 모두 실을 2가닥 써서 스트레이트 스티치를 겹(오버래핑)으로 수놓아 만든다. 스트레이트 스티치 기법으로 더해진 녹색 잎들은 붉은 나무와 검은 윤곽선과 대비를 이뤄 도드라져 보이는 효과가 있다.

프로방스 카페

테라스 테이블에 신선한 라벤더를 올려놓고 커피를 마신다고 상상해보자. 프랑스 시골의 고요함 속에서 꽃과 풀에 둘러싸여 따뜻한 시간을 만끽할 수 있다.

이 작품은 한껏 여유롭게 즐기며 수놓을 수 있는 작품으로, 감각적으로 실의 색들을 조합하다 보면 평온한 마음이 스며든다. 작품의 위쪽에 있는 꽃들은 다양한 색으로 표현했지만, 나의 느낌대로 자유롭게 표현해보자!

수놓기

재료

일반 복사지

먹지(혹은 선호하는 밑그림 방법)

무명 캔버스

지름 20cm 나무 수틀

6~9호 사이즈 바늘

DMC 실 색 참조

890, 90, 51, 3348, 26, 318, 552, 310, 900,
904

시작하기 전

옆 페이지의 디자인·도안 스케치를 일반 복사지에 복사한다. 먹지를 이용해 천 위에 복사한 디자인을 옮긴 뒤, 천을 수틀에 고정한다. 먹지로 밑그림을 옮기는 방법이 궁금하다면 12쪽을 참조하자.

이 작품에서 가장 중요한 점은 꽃의 밑그림을 천에 옮기지 말아야 한다는 것이다. 대신 땅에 있는 식물의 줄기와 위쪽에 있는 꽃나무의 가지만 옮긴다. 줄기와 가지만 표시해두면 꽃과 잎들의 자연스러운 위치를 잡기도 쉽고, 마음껏 표현할 수 있는 영역이 늘어나 미적 감각을 발휘할 수 있다.

필요한 도안을 모두 옮겼으면 천을 수틀에 끼운다.

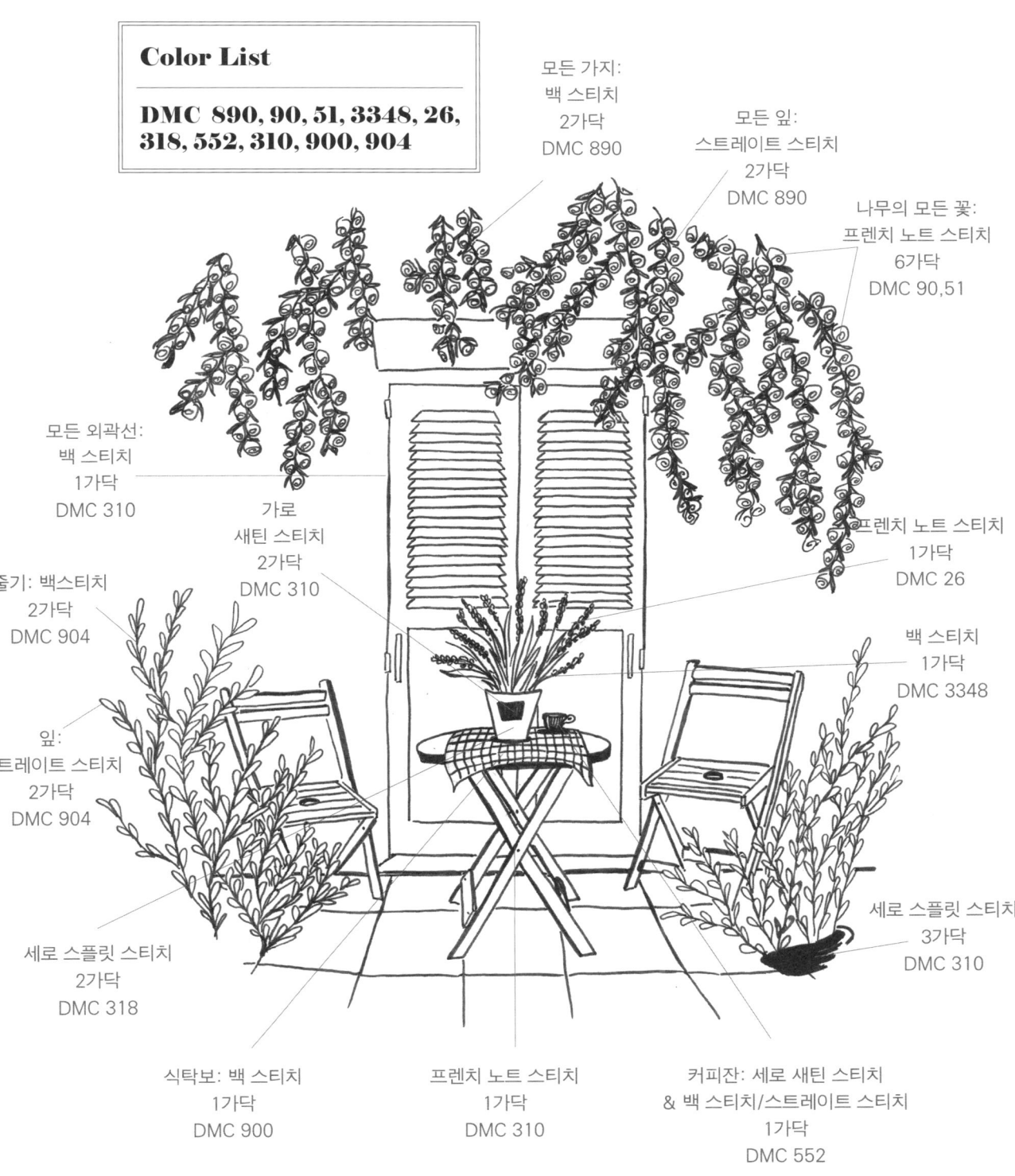

Color List

DMC 890, 90, 51, 3348, 26, 318, 552, 310, 900, 904

모든 가지:
백 스티치
2가닥
DMC 890

모든 잎:
스트레이트 스티치
2가닥
DMC 890

나무의 모든 꽃:
프렌치 노트 스티치
6가닥
DMC 90,51

모든 외곽선:
백 스티치
1가닥
DMC 310

가로
새틴 스티치
2가닥
DMC 310

프렌치 노트 스티치
1가닥
DMC 26

줄기: 백스티치
2가닥
DMC 904

백 스티치
1가닥
DMC 3348

잎:
스트레이트 스티치
2가닥
DMC 904

세로 스플릿 스티치
3가닥
DMC 310

세로 스플릿 스티치
2가닥
DMC 318

식탁보: 백 스티치
1가닥
DMC 900

프렌치 노트 스티치
1가닥
DMC 310

커피잔: 세로 새틴 스티치
& 백 스티치/스트레이트 스티치
1가닥
DMC 552

1 실 1가닥으로 백 스티치로 테라스의 윤곽선부터 자수를 시작한다. 베란다 문, 의자, 바닥과 테이블의 외곽선을 채운다. 이들 중 무엇을 먼저 수를 놓든 끝까지 완성만 하면 상관없다. 다만 늘 말했듯이 가장 뒤에 있는 물체부터 시작하는 게 좋다. 즉 자신의 시점에서 가장 먼 곳에 있는 벽부터 시작해야 한다. 이 작품은 화초 뒤로 의자와 테이블이 있고 그 뒤로 베란다 문이 있는 구조이다.

테라스부터 수를 놓으면 자연스럽게 작품 속에 더 많은 공간을 확보할 수 있다. 배경(문)과 중경(의자와 테이블), 근경(화초)을 나타내는 검은색 선들 위로 꽃과 화초를 채우면 수월하다.

2 이제 줄기를 수놓는다. 줄기는 옮겨 놓은 밑그림을 따라 실 2가닥으로 백 스티치로 수놓는다.

줄기는 잎들이 자라날 기준선으로 활용할 수 있다. 줄기에 스트레이트 스티치를 2번 연달아 수놓아 V자 모양의 잎을 만든다(만나는 지점이 밖으로 향하게 한다). 그리고 작품 위쪽 나뭇가지들의 잎들 사이사이에는 꽃들을 매듭지을 공간을 남겨 놓는다(사진 2 참조).

3 땅에 있는 화초는 꽃을 매다는 과정과 동일하다. 다만 밝은 녹색 느낌의 실을 사용하고, 잎 사이의 간격을 약간 좁게 수를 놓는 게 차이점이다.

위쪽 나뭇가지들의 잎 사이에는 꽃을 매듭지을 공간이 필요한 반면, 아래쪽 화초들은 잎들만 표현하면 되기 때문에 서로 가깝게 배치한다. 잎들이 겹쳐도 괜찮다. 오히려 더 자연스럽게 보인다.

4 꽃은 실 6가닥을 사용해 최대한 두껍게 표현하면 좋다. 우리는 건물이 들어간 작품은 대개 얇은 실로 꽃을 수놓지만, 이 작품에서는 볼륨을 크게 주어 눈에 띄게 만드는 게 포인트다.

앞서 2단계에서 수놓은 잎들 사이로 매듭을 만들어 꽃을 표현해보자. 자연스럽게 색의 변화를 주며 수놓는다. 사진 속에는 밝은 노랑과 어두운 빨강의 실을 사용했지만 어떻게 배치하든 완전히 당신의 자유다. 빛의 방향이나 특정 도안은 신경 쓰지 않아도 된다. 일단 해보자. 각각의 가지를 따라가며 수놓는 게 편하면 그렇게 해도 된다. 가지들 사이의 공간에 꽃을 몰아서 수놓고 싶다면 그것도 개성의 표현이다.

실제 자연에서는 끝으로 갈수록 줄기의 두께가 얇아지고 꽃이 필 공간이 줄어든다. 수를 놓을 때도 가지의 끝부분은 꽃의 간격을 넓게 잡고 자연스럽게 표현해보자.

5 마지막으로 가장 중요한 테이블 위의 꽃들을 수놓는다.

a. 식탁보는 실 1가닥을 써서 백 스티치로 수놓는다. 세로선과 가로선을 겹치게 만들어야 한다. 선들의 모양이 너무 직선이 되지 않도록 신경 쓴다. 식탁보가 테이블 양쪽 끝을 따라 부드럽게 떨어지는 모습을 자연스럽게 표현한다.

b. 화분은 실 2가닥으로 수놓는다. 먼저 가로 새틴 스티치로 검은 면을 채우고, 세로 스플릿 스티치로 회색 면을 채운다.

c. 커피잔은 세로 새틴 스티치로 컵을 만들고, 가로 스트레이트 스티치로 작은 잔 받침을 만든 뒤, 짧은 백 스티치로 손잡이를 만든다. 크기가 매우 작으니 실을 1가닥만 사용해야 한다.

d. 마지막으로 화분의 꽃을 수놓는다. 먼저 실을 1가닥 사용해 백 스티치로 수놓으며 줄기와 잎을 표현한다. 그다음 실 1가닥으로 프렌치 노트 스티치를 만드는데, 줄기 주변을 따라가며 세로로 연달아 수놓아 라벤더의 느낌을 살린다. 꽃의 위치는 따로 생각할 필요 없이 백 스티치로 만들어 놓은 줄기 위에 매듭을 자유롭게 수놓는다. 실을 1가닥만 사용하므로 천이나 실을 통과할 때 별다른 저항감 없이 수를 놓을 수 있다.

라 돌체 비타
달콤한
이탈리아의 삶

우리는 프랑스에서 사랑에 빠져 이탈리아의 달콤한 삶 속으로 여행을 떠났다. '라 돌체 비타', 동명의 이탈리아 영화에서 시작된 이 말은 '달콤한 인생'이라는 뜻으로, 이탈리아의 문화를 대변한다. 이는 현대 손자수가 담고 있는 여유로운 즐거움, 모던한 사치스러움과 그 정신이 일치한다.

라 돌체 비타는 이탈리아의 미술, 럭셔리한 패션, 태양, 휴일, 질 좋은 와인과 맛있는 음식 등 풍요로운 삶을 떠올리게 한다. 만약 당신이 직장에서 스트레스를 받거나 삶 속에서 끊임없이 불안을 느낀다면, 작품들을 수놓는 일련의 과정을 통해 인생의 달콤함을 발견하길 바란다.

의식적으로 일상의 속도를 늦추고 여유를 누리며 손으로 창의적인 작품을 만드는 행위를 현대적인 사치라고 할 수 있지 않을까. 사치스러운 취미를 마땅히 누리고 있노라면, 수를 놓을 때마다 몸이 이완되는 것을 느낄 수 있을 것이다. 이 책에 수록된 작품들은 당신이 로맨틱한 꿈속을 거니는 듯한 뜻밖의 즐거움을 선사한다.

지금 당신이 로마나 베네치아에 있다고 상상해보자. 아니면 예술의 메카 플로렌스도 좋다. 로맨틱한 휴가를 마음속으로 상상하는 것만으로도 며칠은 미소가 떠나지 않을 것이다.

로마 베스파

베스파 스쿠터를 타고 멋진 레스토랑에 가는 것만큼 '라 돌체 비타'를 표현하는 게 어디 있을까? 전 세계가 알아주는 이탈리아의 스쿠터 베스파는 이탈리아 여행지에서 꼭 한 번은 마주칠 확률이 높다. 아마 현지 레스토랑 앞에도 한 대쯤 세워져 있을 것이다.

느긋하게 생각에 잠기고 싶은 순간이 찾아오면, 생기 넘치는 나뭇잎을 수놓으며 나만의 안식처로 떠나보자. 나뭇잎의 색과 위치를 자유롭게 배치하다 보면 우리의 들끓던 마음이 금세 잠잠해질 것이다.

수놓기

재료
일반 복사지
먹지(혹은 선호하는 밑그림 방법)
무명 캔버스
지름 20cm 나무 수틀
6~9호 사이즈 바늘

DMC 실 색 참조
310, 107, 783, 3853, 3348, 168

시작하기 전

옆 페이지의 디자인·도안 스케치를 일반 복사지에 복사한다. 먹지를 이용해 천 위에 복사한 디자인을 옮긴 뒤, 천을 수틀에 고정한다. 먹지로 밑그림을 옮기는 방법이 궁금하다면 12쪽을 참조하자.
줄기만 밑그림으로 옮긴 후, 잎들의 전체적인 모양과 자라는 방향을 가늠하는 기준으로 삼는다. 모든 잎을 밑그림으로 옮기면 천에 지저분한 자국이 남을 수 있으니 추천하지 않는다. 또한 레스토랑과 베스파, 트럭을 포함한 나머지 디자인의 모든 선을 밑그림으로 옮긴다.
필요한 도안을 모두 옮겼으면 천을 수틀에 끼운다.

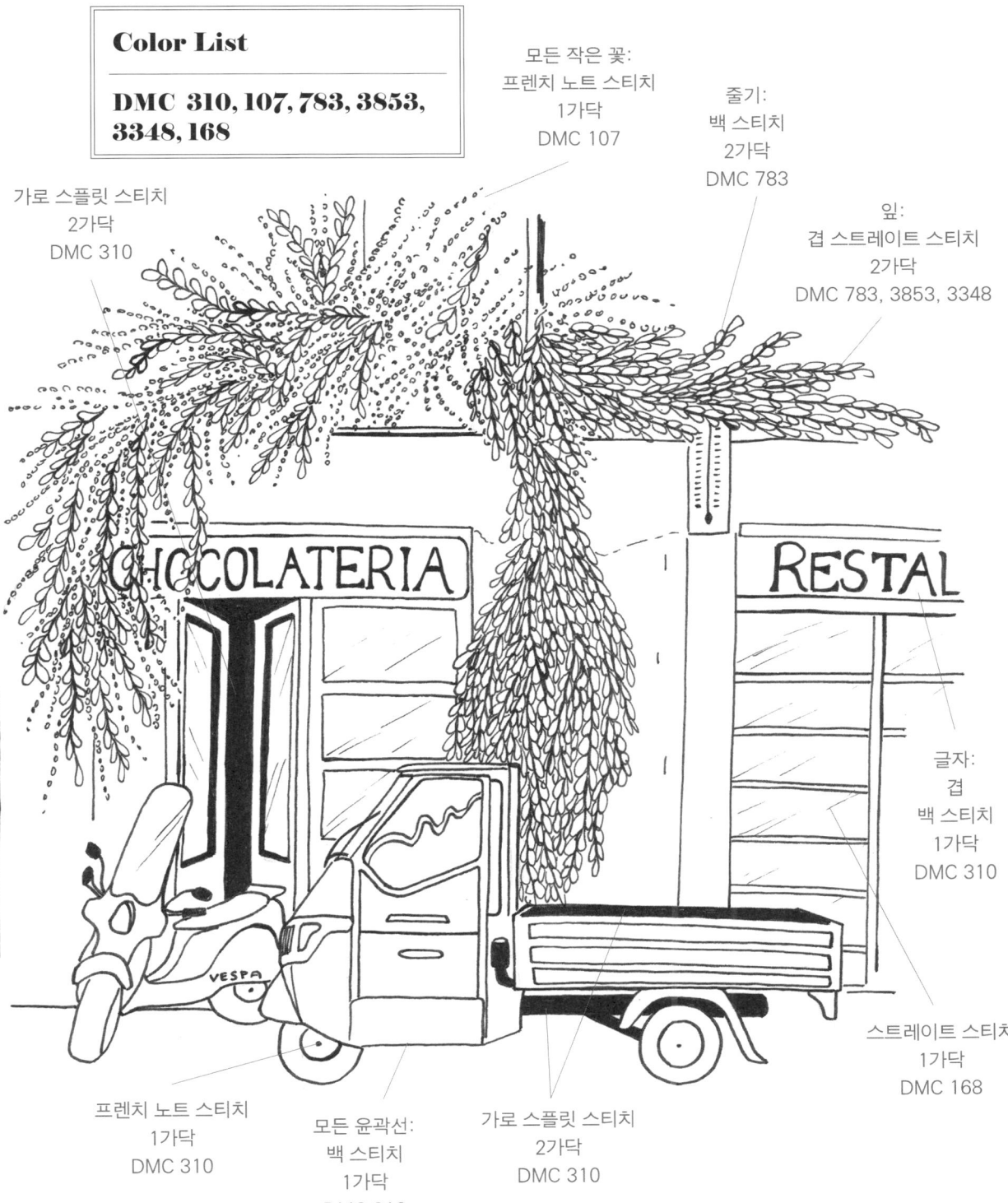

Color List

DMC 310, 107, 783, 3853, 3348, 168

모든 작은 꽃:
프렌치 노트 스티치
1가닥
DMC 107

줄기:
백 스티치
2가닥
DMC 783

잎:
겹 스트레이트 스티치
2가닥
DMC 783, 3853, 3348

가로 스플릿 스티치
2가닥
DMC 310

글자:
겹
백 스티치
1가닥
DMC 310

스트레이트 스티치
1가닥
DMC 168

프렌치 노트 스티치
1가닥
DMC 310

모든 윤곽선:
백 스티치
1가닥
DMC 310

가로 스플릿 스티치
2가닥
DMC 310

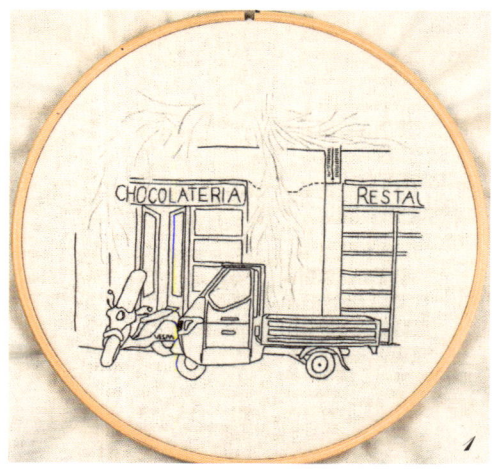

1 실 1가닥으로 백 스티치를 사용해 윤곽선부터 수놓는다. 둥근선은 바늘땀을 짧게 잡아 부드럽게 표현해보자. 경험에 따르면 굴곡이 심할수록 바늘땀을 짧게 만들어야 한다.

마찬가지로 가장 영감이 떠오르는 부분부터 시작한다. 어디서부터 시작해야 할지 모르겠다면 아래쪽에 디테일한 짧은 선들이 많다는 걸 염두에 두자. 이 작품은 한쪽 구석에서 시작해 반대 방향으로 진행하면 좋다. 줄기에 색을 더하기 전에 모든 윤곽선을 마무리한다면 왼쪽, 오른쪽, 위, 아래 어디에서 시작하든 상관없다.

2 글자를 표현하는 선은 실을 1가닥만 사용해 백 스티치로 겹겹이 수놓으며 알맞게 두께감을 표현한다. 두꺼운 실로 한 번만 바느질하는 것보다 좋은 방법이다. 그래야 바늘땀들을 짧게 잡고 위치를 조절하며 글자를 더 예쁘게 표현할 수 있다. 모양을 잘 살리려면 글자의 초안에 굴곡이 생기도록 잘 덧대야 한다(사진 2 참조).

빛이 유리에 비치는 모습을 상상해보자. 회색 실 1가닥을 스트레이트 스티치로 수놓아 빛이 반사되는 느낌을 표현한다. 스티치를 사선으로 향하게 만들면 위에서 내리쬐는 빛의 방향을 표현할 수 있다.

3 실 2가닥을 스플릿 스티치로 그림자를 수놓는다. 그림자의 위치는 완성된 자수 작품이나 도안을 보고 확인하자. 해당 면적의 긴쪽 방향을 따라가며 수놓는다. 예를 들어 문 사이의 어두운 공간은 세로 스플릿 스티치로 수놓고, 트럭 뒤쪽과 아래의 어두운 면은 가로 스플릿 스티치로 수놓는다(사진 3 참조).

4 검은 윤곽선을 끝냈다면 나뭇잎의 줄기를 수놓는다. 실 2가닥을 써서 백 스티치 기술을 사용해 그려 놓은 밑그림을 따라 수놓는다.

5 다양한 색으로 잎들을 추가한다. 일단 잎들 사이에 일정한 간격을 두고 한 색의 실로만 자유롭게 만든다. 그다음에는 다른 색을 사용해 같은 줄기의 빈 공간을 채워나간다. 이는 자연스럽고 조화로워 보여서 작품에 생기를 더한다. 잎들을 수놓는 장소는 정해져 있지 않으니 자유롭게 창의성을 폭발시켜 보자. 취향에 따라 잎의 색을 2~3가지로 다양하게 표현해도 좋다.

잎들은 스트레이트 스티치를 사용해 V자 모양이 밖으로 향하도록 수놓는 게 가장 좋다. 식물을 수놓을 때는 잎들이 실제로 어떻게 자라는지 상상해보고 스티치의 방향을 정하자. 잎들이 겹치거나 포개져도 무방하다.

6 큰 잎들 사이에 실 1가닥을 써서 작은 프렌치 노트 스티치(2번 감기)를 줄지어 매달아 나무의 형태를 완성한다. 매듭의 위치를 잘 모르겠다면 원본 작품을 확인해보자.

로마 거리

기원전 750년으로 거슬러 올라가 유구한 역사를 지닌 로마의 모습을 떠올려 보자. 그 모습을 자수에 담아 영원히 간직해보면 어떨까. 새로운 장소를 여행할 때 그곳의 분위기를 가장 잘 느끼려면 뒷골목을 걷는 것만큼 좋은 게 없다. 지도 없이 떠돌다 보면 진정한 현지의 매력을 발견할 수 있다.

이 작품에서는 율석이 깔린 건물들 사이로 옷가지가 걸려 있는 로마의 소박한 거리를 수놓는다. 섬세함이 요구되는 작품으로, 새로운 디자인 요소들이 자수를 더 깊이 탐구할 수 있게 한다.

수놓기

재료
일반 복사지
먹지(혹은 선호하는 밑그림 방법)
무명 캔버스
지름 20cm 나무 수틀
6~9호 사이즈 바늘

DMC 실 색 참조
353, 728, 3352, 900, 351, 520, 320, 904,
3790, 310, blanc(흰색)

시작하기 전

옆 페이지의 디자인·도안 스케치를 일반 복사지에 복사한다. 먹지를 이용해 천 위에 복사한 디자인을 옮긴 뒤, 천을 수틀에 고정한다. 먹지로 밑그림을 옮기는 방법이 궁금하다면 12쪽을 참조하자.

골목이 시작되는 지점에 서 있다고 상상해보자. 가장 멀리 떨어져 있는 요소와 세세한 디테일을 파악해야 한다. 늘 그랬듯, 가장 멀리 있는 배경부터 시작한다. 먼 곳부터 단계적으로 층을 더하고 디테일을 살리는 게 좋다. 예를 들어 가장 먼저 건물을 수놓고 그다음 옷을 바느질하는 식이다. 옷들은 마지막에 수놓더라도, 밑그림 윤곽선으로 대략적인 위치를 잡아야 한다. 밑그림 번짐을 방지하기 위해 작품 속 작은 창문들은 외곽선만 옮겨 놓자. 덧문과 땅에 깔린 율석들은 자유롭게 수놓는다.

필요한 도안을 모두 옮겼으면 천을 수틀에 끼운다.

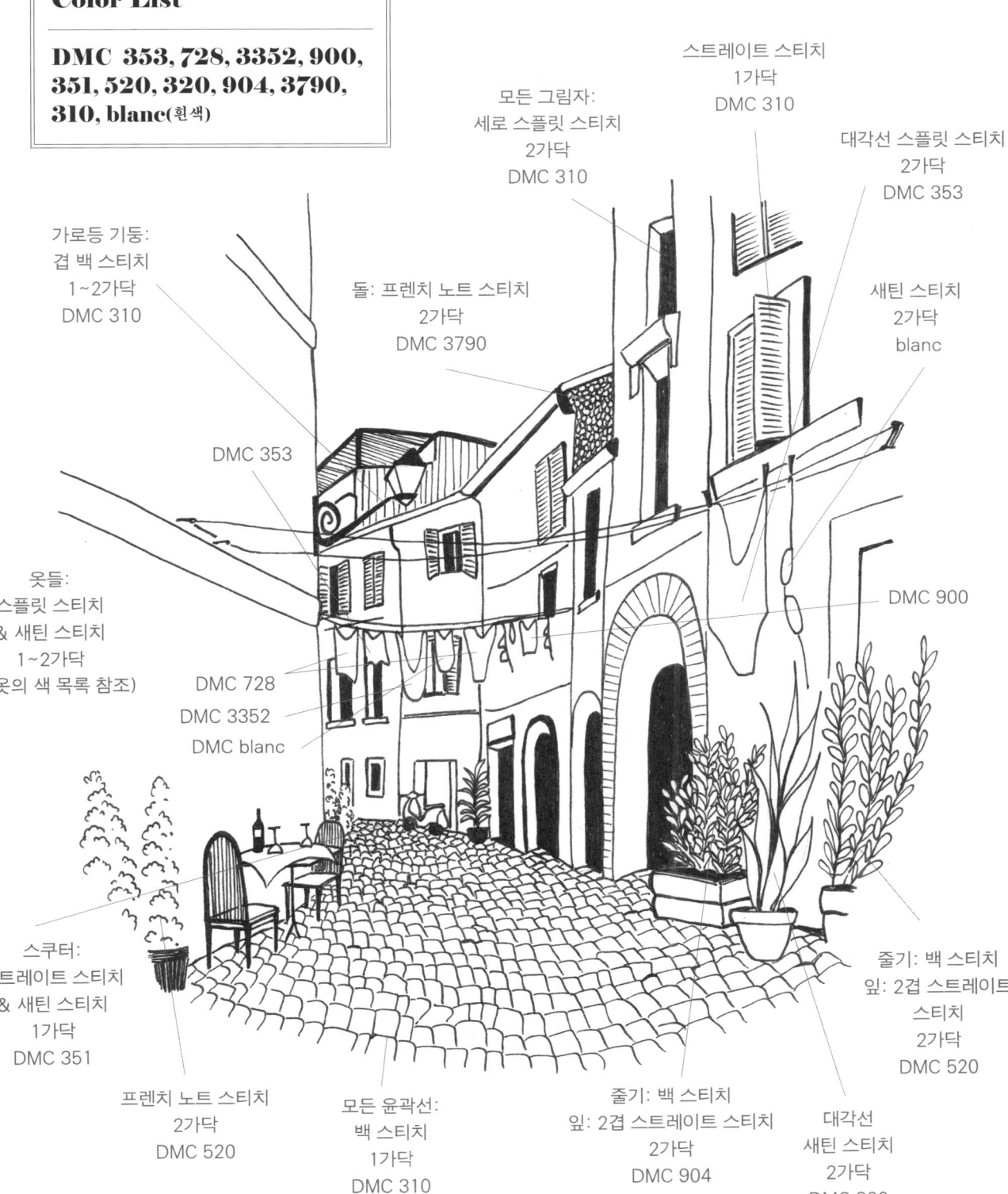

Color List

DMC 353, 728, 3352, 900,
351, 520, 320, 904, 3790,
310, blanc(흰색)

스트레이트 스티치
1가닥
DMC 310

모든 그림자:
세로 스플릿 스티치
2가닥
DMC 310

대각선 스플릿 스티치
2가닥
DMC 353

가로등 기둥:
겹 백 스티치
1~2가닥
DMC 310

돌: 프렌치 노트 스티치
2가닥
DMC 3790

새틴 스티치
2가닥
blanc

DMC 353

옷들:
스플릿 스티치
& 새틴 스티치
1~2가닥
옷의 색 목록 참조)

DMC 900

DMC 728
DMC 3352
DMC blanc

스쿠터:
스트레이트 스티치
& 새틴 스티치
1가닥
DMC 351

줄기: 백 스티치
잎: 2겹 스트레이트
스티치
2가닥
DMC 520

프렌치 노트 스티치
2가닥
DMC 520

모든 윤곽선:
백 스티치
1가닥
DMC 310

줄기: 백 스티치
잎: 2겹 스트레이트 스티치
2가닥
DMC 904

대각선
새틴 스티치
2가닥
DMC 320

1 제일 먼저 모든 윤곽선을 실 1가닥을 써서 백 스티치로 수놓는다. 나와 가장 먼 곳에 위치한 건물(길이 꺾이는 곳)의 윤곽선부터 시작해 끝까지 마무리한다. 그 후 창문이나 덧문 같은 작은 요소들의 윤곽선을 추가한다.

　　율석이 깔린 거리는 가장 넓은 부분에서 시작해 안쪽으로 향하며 수놓는다. 그래야 길에 빨려 들어가는 느낌을 쉽게 표현할 수 있다(관찰자의 시선에서 길의 가장 넓은 지점부터 시작한다). 율석은 스트레이트 스티치로 가지런히 수놓으며 하나하나 직각으로 표현한다. 완성된 자수 작품을 살펴보면 어떻게 수놓았는지 잘 보인다.

2 외곽선 작업이 끝나면 완성된 작품의 도안을 보며 명암을 입히는 데 집중한다. 실을 2가닥 써서 스플릿 스티치 기술을 활용한다. 꼭 기억할 점은 의자와 테이블과 화분 안쪽은 가로로, 창문과 열린 덧문들은 세로로 수놓아야 한다.

3 실 1가닥으로 빨간 스쿠터를 채운다. 새틴 스티치와 스트레이트 스티치 2가지 법을 조금씩 섞어 바느질하는 것이 포인트다. 스티치를 짧게 잡아 실 사이로 천이 보이지 않게 표면을 완전히 덮는 것이 중요하다. 자수 스티치 기법은 신경 쓰지 말고 원하는 결과물을 어떻게 완성할지 집중하며 스쿠터를 채운다.

4 옷들을 추가할 차례다. 1단계에서 윤곽선을 만들지 않았다면 옷들의 윤곽선부터 수놓는다. 옷의 형태에 따라 색과 질감을 다르게 표현해 수놓는다. 작은 옷들은 실 1가닥으로, 사진 4의 큰 옷은 2가닥을 사용한다. 채우려는 곳의 면적과 모양에 따라 스플릿 스티치와 새틴 스티치를 겹으로 사용해 수놓는다. 옷의 자연스러운 결을 살리려면 깔끔하게 바느질하기보다 스티치의 방향을 조금씩 돌려가며 겹치게 해야 한다.

5 이어서 벽의 오래된 돌을 표현하는 세부적인 작업을 한다. 작은 프렌치 노트 스티치들을 서로 가깝게 붙이되, 실을 바늘에 감는 수(1~3)에 변화를 주어 서로 다른 질감으로 표현한다.

사진 5와 7에서 보이는 덧문들은 실 1가닥으로 스트레이트 스티치를 사용해 세밀하게 표현한다.

6 화분의 다양한 식물들은 3가지 자수 스티치 기법을 사용한다.

a. 작품의 왼쪽에 있는 식물(완성본에서 확인)은 오른쪽 위 벽면의 돌과 마찬가지로 실 2가닥을 써서 프렌치 노트를 1~3회 감아 표현한다.

b. 사진 6의 가운데 보이는 식물은 실 2가닥으로 새틴 스티치 기술을 사용해 수놓는다. 각 잎마다 스티치의 방향에 변화를 주자. 그렇게 해야 같은 색의 잎이라도 서로 대조되는 효과가 생긴다. 마지막으로 잎의 윤곽선은 실 1가닥을 써서 백 스티치를 활용하면 도드라져 보인다.

c. 이제 b에서 만든 식물의 양옆에 있는 식물들을 두 단계에 거쳐 수놓는다. 먼저 실 2가닥으로 백 스티치를 활용해 식물의 줄기를 수놓는다. 그리고 줄기에서 자라난 잎들을 더해 준다. 스트레이트 스티치로 밖으로 향하는 V자 형태로 수놓아 한 구멍에서 나온 2개의 스티치가 각각 잎 모양처럼 보이게 한다. 줄기의 잎들을 살짝 겹치게 수놓으면 진짜처럼 보이는 효과가 있다.

7 마지막으로 추가할 디테일은 이탈리아의 주택들 사이에 걸려 있는 빨랫줄 선으로, 실 1가닥으로 백 스티치
로 표현한다.

로마 콜로세움

다양한 색으로 이루어진 작품이 가져다주는 즐거움만큼, 단색으로 표현된 모던한 작품도 마음에 평화를 가져다준다. 콜로세움 작품이 바로 그것이다.

콜로세움은 서기 70~80년 사이에 건설돼 오늘날까지 그 일부가 보존되어 있다. 이곳은 검투사와 맹수의 전투 경기가 벌어진 원형 경기장으로, 8만 7천여 명을 수용하는 규모를 자랑한다. 또한 연극 발표나 사형집행도 행해졌다. 콜로세움은 오늘날까지 막강한 로마 제국의 상징으로 남아 있다.

이 작품은 실 1가닥으로 표현했으며, 전체 도안에 기본적인 백 스티치 기술만 사용한다. 그럼에도 매우 정교하게 잘 표현된 결과물이 아닐 수 없다. 게다가 윤곽선의 비중이 높아 표면을 실로 덮어야 하는 다른 작품들보다 더 빠르게 작업할 수 있다. 대체로 천천히 진행되는 손자수의 특징을 고려하면, 쉽고 효과적인 도안을 가진 작품은 두 팔 벌려 환영이다.

수놓기

재료
일반 복사지
먹지(혹은 선호하는 밑그림 방법)
무명 캔버스
지름 15cm 나무 수틀
6~9호 사이즈 바늘

DMC 실 색 참조
310

시작하기 전

옆 페이지의 디자인·도안 스케치를 일반 복사지에 복사한다. 먹지를 이용해 천 위에 복사한 디자인을 옮긴 뒤, 천을 수틀에 고정한다. 먹지로 밑그림을 옮기는 방법이 궁금하다면 12쪽을 참조하자.

이 작품의 밑그림을 잘 그리려면 둥근 모양을 옮길 때 손을 신중하게 움직여야 한다. 펜 선이 위아래로 흔들리지 않게 주의해서 침착하게 그리자. 건축물의 윤곽선은 모두 옮겨야 한다.

필요한 도안을 모두 옮겼으면 천을 수틀에 끼운다.

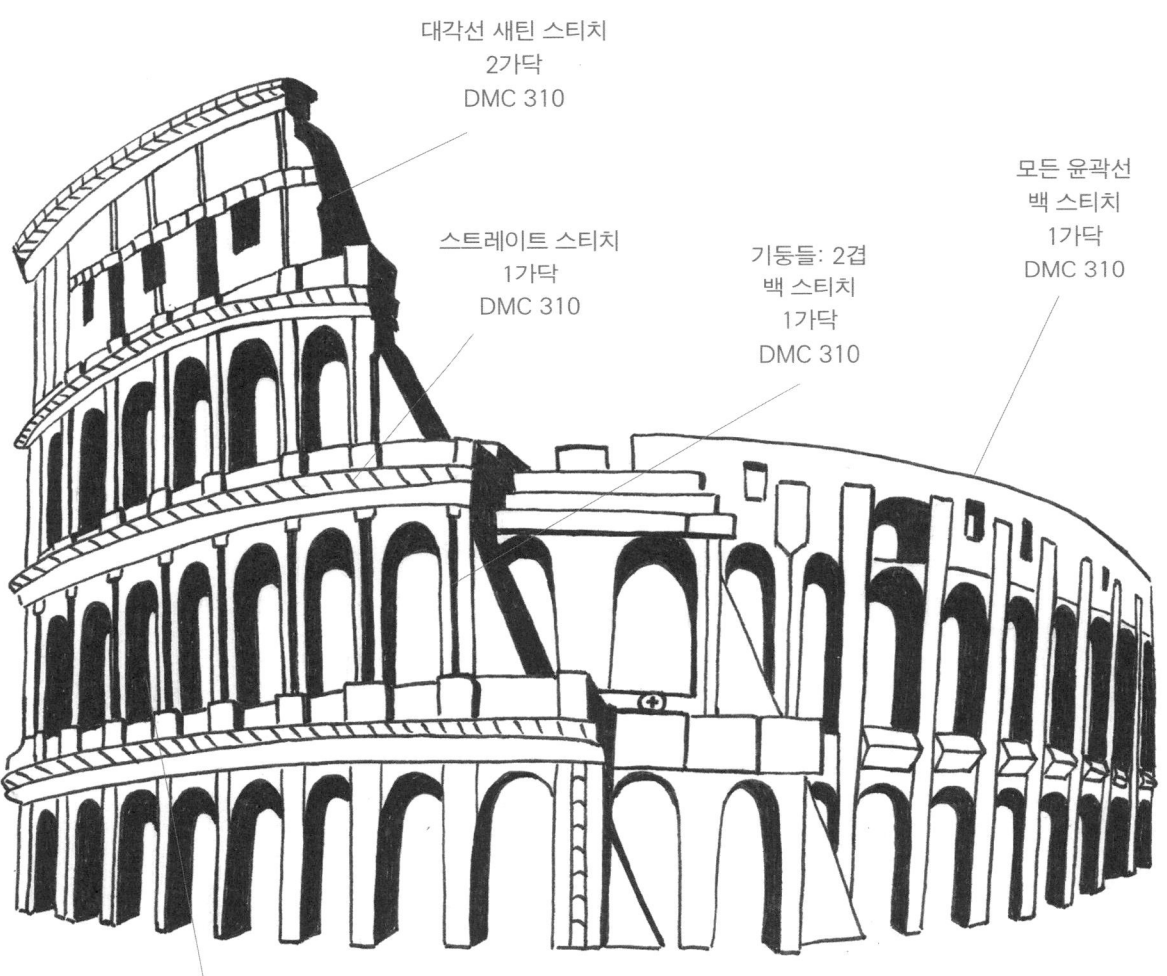

대각선 새틴 스티치
2가닥
DMC 310

스트레이트 스티치
1가닥
DMC 310

기둥들: 2겹
백 스티치
1가닥
DMC 310

모든 윤곽선
백 스티치
1가닥
DMC 310

모든 통로: 세로 스플릿
& 새틴 스티치
2가닥
DMC 310

⟋ 실 1가닥으로 백 스티치를 사용해 전체 윤곽선을 수놓는다. 이 작품은 어디서 시작하든지 큰 차이가 없다. 하지만 하나의 구조물이기 때문에 한쪽에서 가로 방향으로 진행하면 가장 편하다.

　둥근 통로의 모양을 부드럽게 표현하려면 스티치를 짧게 만들어야 한다는 점을 명심하자. 세부적인 부분은 사진을 확인한다.

⟋ 왼쪽의 돌들 아래에 있는 세세한 부분은 스트레이트 스티치로 간결하게 표현한다. 사선으로 기운 듯한 스티치의 각도가 중요한데, 이는 작품의 입체감 표현에 많은 영향을 준다.

3 마지막으로, 실 2가닥을 써서 세로 스플릿 스티치와 새틴 스티치로 수놓아 그림자 부분을 채운다. 어떻게 해야 할지 모르겠다면 완성된 자수 작품을 보자. 요컨대 모든 통로를 같은 방식으로 수놓아야 한다.

비교적 왼쪽 면과 오른쪽 면은 스플릿 스티치를 주로 사용하고, 위로 향하며 구부러지는 부분은 세로 새틴 스티치로 수놓는다(사진 3 참조).

플로렌스 산타 크로체 대성당

이 작품은 여러 가지 색을 쓰지 않고, 정교한 선에만 집중하게 한다. 밝고 행복한 색만이 라 돌체 비타는 아니다. 어둡거나 단조로운 색을 통해 마음의 평화를 얻을 수도 있다. 1290년대 지어진 플로렌스 산타 크로체 대성당은 유구한 역사와 현대적인 모습이 조화를 이루고 있다. 세계적인 명성을 가진 대성당을 검게 수놓아 보자.

도안이 복잡해보이는 이유는 실을 1가닥만 사용해 스티치의 사이를 가깝게 붙여 수놓았기 때문이다. 하지만 시작하기 전부터 겁먹지 말자. 선을 반복적으로 수놓다 보면 손이 닿는 곳마다 건물이 우뚝 서는 모습에 성취감을 느낄 수 있다. 사람들은 종종 윤곽선 작업을 하면서 더 큰 보람을 느끼는데, 면을 채우는 작업보다 시각적인 효과가 크기 때문이다.

수놓기

재료
일반 복사지
먹지(혹은 선호하는 밑그림 방법)
무명 캔버스
지름 20cm 나무 수틀
6~9호 사이즈 바늘

DMC 실 색 참조
310

시작하기 전

옆 페이지의 디자인·도안 스케치를 일반 복사지에 복사한다. 먹지를 이용해 천 위에 복사한 디자인을 옮긴 뒤, 천을 수틀에 고정한다. 먹지로 밑그림을 옮기는 방법이 궁금하다면 12쪽을 참조하자.

이 디자인은 얇은 선들이 가깝게 붙어 있는 부분이 많다. 구조물의 밑그림을 천에 옮길 때, 가깝게 붙어 있는 선은 그리지 말고, 중요한 선만 옮기자. 나머지는 밑그림을 참고해 2차로 자유롭게 선들을 추가하면 된다. 일단 시점과 비율, 디테일의 기준을 잡아줄 윤곽선 파악이 가장 중요하다.

필요한 도안을 모두 옮겼으면 천을 수틀에 끼운다.

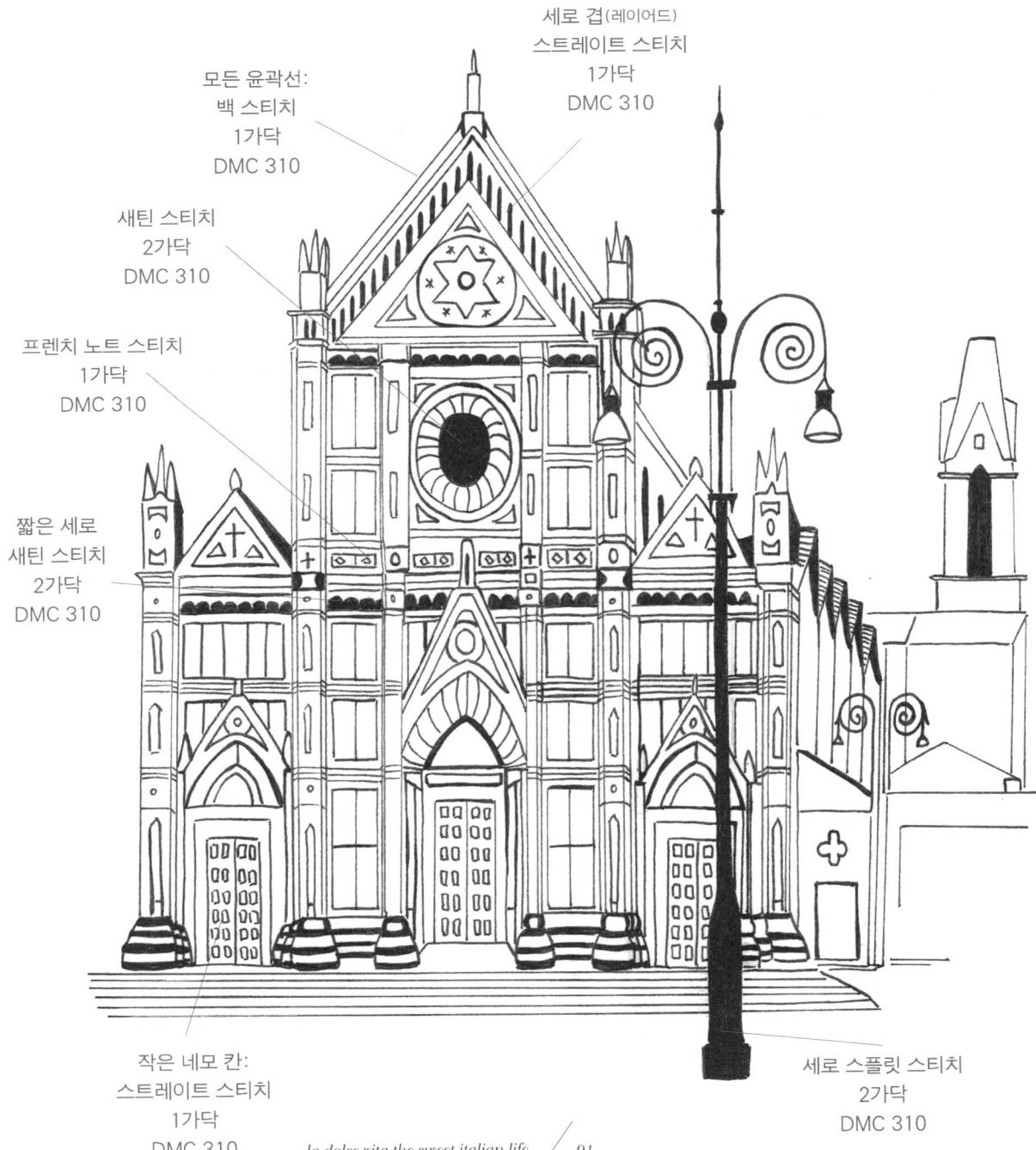

Color List

DMC 310

세로 겹(레이어드)
스트레이트 스티치
1가닥
DMC 310

모든 윤곽선:
백 스티치
1가닥
DMC 310

새틴 스티치
2가닥
DMC 310

프렌치 노트 스티치
1가닥
DMC 310

짧은 세로
새틴 스티치
2가닥
DMC 310

작은 네모 칸:
스트레이트 스티치
1가닥
DMC 310

세로 스플릿 스티치
2가닥
DMC 310

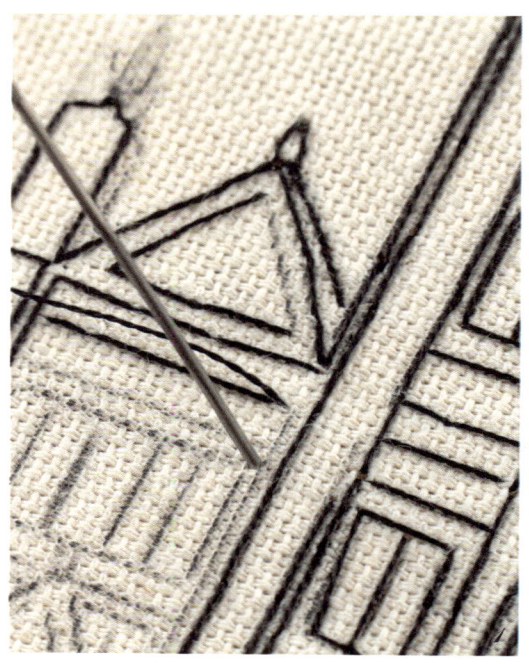 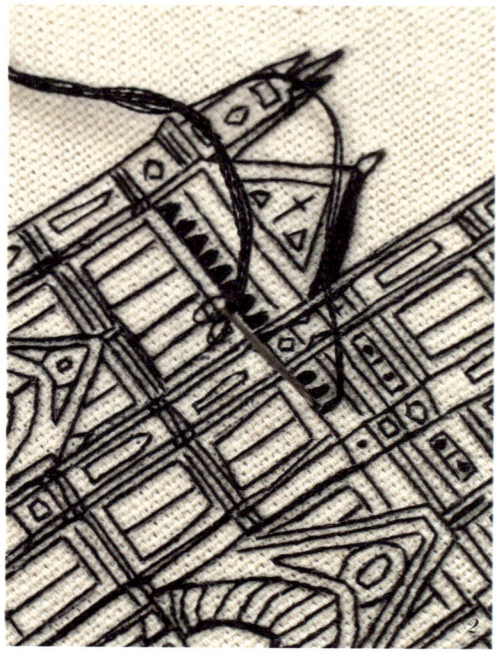

/ 실 1가닥으로 백 스티치를 사용해 윤곽선을 수놓으며 시작한다. 먼저 건물의 큰 틀을 잡아주는 긴 외곽선부터 시작하자. 그래야 전체적인 형태를 보는 눈이 생기고, 추후에 창문이나 문 같은 세세한 작업을 할 때 동기부여도 잘된다. 큰 문에 새겨진 작은 네모와 상징적인 문양 등 세부적인 디테일 작업은 마지막에 한다.

이 작품을 멋지게 수놓는 비결은 스티치를 짧게 잡는 것이다. 작품 디테일이 수준급임을 감안하면, 스티치를 짧게 수놓아야 원하는 대로 잘 표현된 결과물을 얻을 수 있다.

2 윤곽선 정리를 마무리했으면 세세한 부분에 집중할 시간이다. 사진을 보면 새틴 스티치를 가깝게 붙여 3번 수놓은 모습이 보이는데, 가운데 스티치가 양쪽의 스티치보다 약간 길다. 이렇게 하면 윗부분이 둥글게 보이는 효과가 생긴다. 여기에 실을 2가닥을 사용하면 1가닥을 사용한 부분과 대비되어 볼륨감이 생긴다.

3 정교한 작업은 잠시 접어두자. 이번에는 가로등 기둥을 실 2가닥을 써서 세로 스플릿 스티치로 가지런히 수
놓는다. 선을 만드느라 집중하던 것에서 벗어나 표면을 채우는 단순한 작업을 하며 여유를 즐겨 보자.

가로등을 완성하면 다른 면들도 채워준다. 지붕의 그늘과 오른쪽 타워의 창문 역시 스플릿 스티치로 수놓는
다. 중앙문 위쪽의 둥근 모양은 실을 2가닥 써서 새틴 스티치로 채운다.

4 작품의 세세한 부분들은 선이 너무 짧아 백 스티치를 쓰기에는 무리가 있다. 대신 문의 작은 네모들 같이 서
로 직각을 이루는 선들은 스트레이트 스티치로 간단하게 표현할 수 있다.

5 스트레이트 스티치를 2회 반복해 선을 강조하는 디테일한 부분들은 공간을 그리 많이 차지하지 않는다. 지
붕 아래의 세로선과 중앙문 위의 삼각 모양의 윤곽선, 기둥을 받치고 있는 줄무늬 선들도 마찬가지다. 위치
를 정확히 모르겠다면 완성된 자수 작품과 도안을 참고한다.

베네치아 거리

베네치아의 운하를 따라 흐르는 로맨틱한 보트 여행을 한번쯤 꿈꿔보지 않은 사람이 있을
까? 베네치아는 118개의 작은 섬들을 400개가 넘는 다리로 연결해 만든 도시이다. 그러
니 곤돌라를 타고 강물을 지날 때 다리에 머리를 부딪치지 않도록 조심하는 건 덤이다.

이 작품을 수놓으면 마치 사랑하는 사람과 함께 로맨틱한 여행을 하는 것만 같다. 단색의
구조물들은 물결의 아름다움을 더욱 돋보이게 한다. 운하의 물결을 수놓으며 창의성을 마
음껏 발휘해보자. 마음이 가는 대로 가로 스트레이트 스티치로 수놓으며 색을 다양하게
조합해도 좋다. 스티치 하나하나가 운하의 물결을 이룰 것이다.

수놓기

재료

일반 복사지

먹지(혹은 선호하는 밑그림 방법)

무명 캔버스

지름 20cm 나무 수틀

6~9호 사이즈 바늘

DMC 실 색 참조

310, 598, 597, 3810, 3765, 986, 817

시작하기 전

옆 페이지의 디자인·도안 스케치를 일반 복사지에 복사한다. 먹지를 이용해 천 위에 복사한 디자인을 옮긴 뒤, 천을 수틀에 고정한다. 먹지로 밑그림을 옮기는 방법이 궁금하다면 12쪽을 참조하자.

중요한 선들을 밑그림으로 옮긴다. 겨우 몇 mm 떨어져 있는 선들을 다 옮길 생각을 하지 말고, 자신의 판단 하에 중요해 보이는 선을 옮기면 된다. 예를 들어 덧문은 밑그림 없이 수놓아도 상관없다.

필요한 도안을 모두 옮겼으면 천을 수틀에 끼운다.

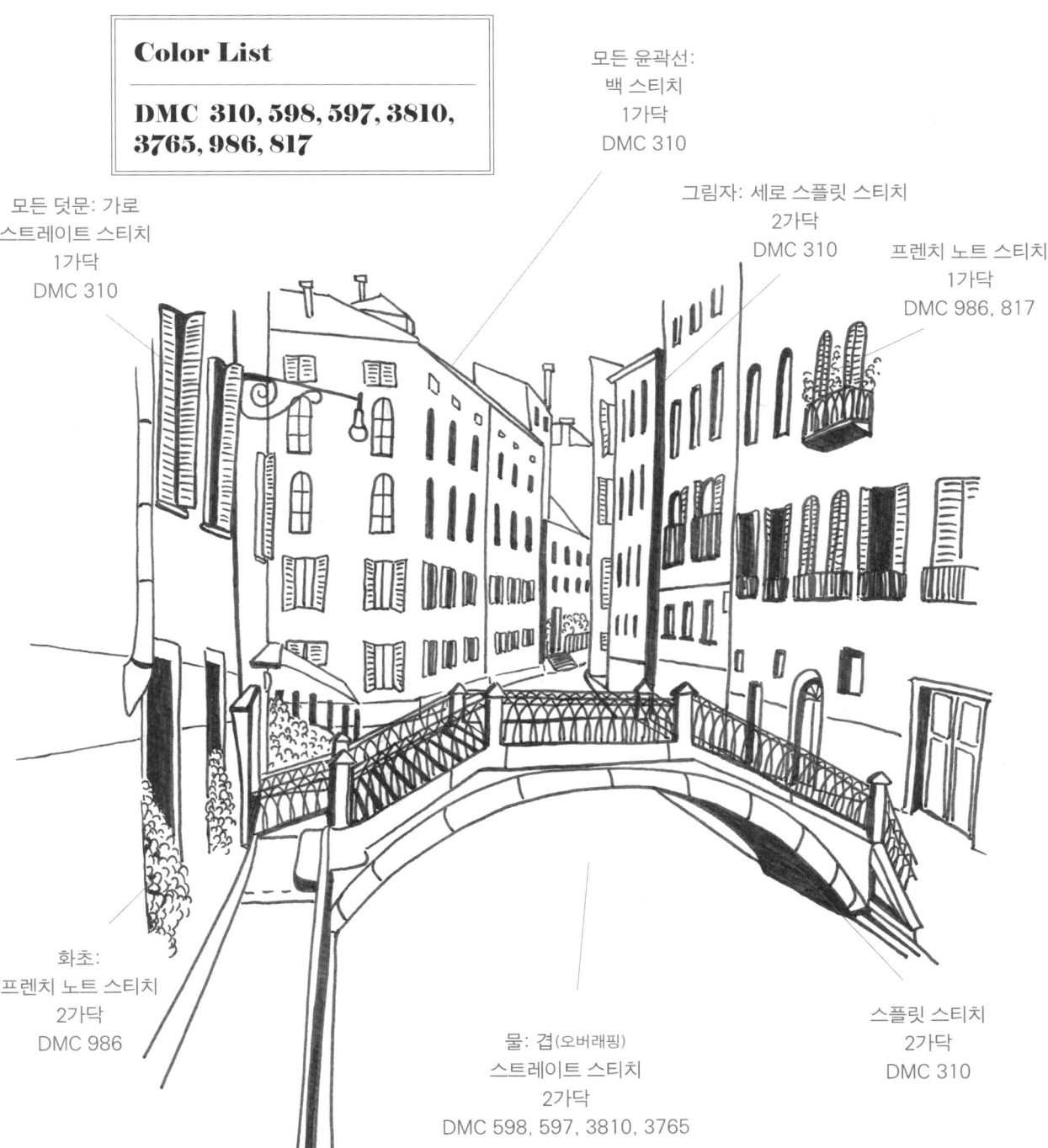

Color List

DMC 310, 598, 597, 3810,
3765, 986, 817

모든 윤곽선:
백 스티치
1가닥
DMC 310

그림자: 세로 스플릿 스티치
2가닥
DMC 310

프렌치 노트 스티치
1가닥
DMC 986, 817

모든 덧문: 가로
스트레이트 스티치
1가닥
DMC 310

화초:
프렌치 노트 스티치
2가닥
DMC 986

물: 겹(오버래핑)
스트레이트 스티치
2가닥
DMC 598, 597, 3810, 3765

스플릿 스티치
2가닥
DMC 310

1 먼저 실 1가닥으로 백 스티치 기술을 사용해 윤곽선을 모두 수놓는다. 건물과 창문, 다리 뒤의 외곽선부터 시작한다. 다리의 난간 부분은 6단계에서 작업하므로 남겨 두자. 이 작품은 가장 먼 곳인 다리 뒤쪽의 물부터 표현해야 입체감을 살릴 수 있다. 같은 이유로 건물 앞쪽에 있는 화초부터 수놓아야 한다.

언제나 건물의 큰 외곽선을 시작점으로 잡는 게 좋다. 그 후 창문과 덧문의 윤곽선을 작업하고 마지막으로 발코니로 옮겨 간다.

Tip 이 작품은 공간을 셋으로 나눌 수 있는데, 다리 뒤의 모든 건물은 배경, 다리는 중경, 다리 앞은 근경이다(특히 운하의 물).

항상 수를 놓을 때는 해당 부분이 구도의 어디쯤에 위치하는지 먼저 생각해야 한다. 이 작품은 배경부터 시작한다. 특히 중경(다리)의 일부가 배경의 스티치와 겹치는 것을 신경 써서 작업해야 한다. 배경에서 근경으로 이동하며 디자인의 입체감을 살린다.

2 실 2가닥을 써서 스플릿 스티치로 그림자 부분을 채운다(완성본 도안 참조). 모든 창문과 건물의 그림자는 세로 방향으로 수놓는다. 하지만 다리 아래 그림자는 다리의 굴곡진 모양을 따라 방향을 바꿔가며 채워야 한다. 이때 스트레이트 스티치를 섞어 사용하면 둥근 모양의 공간을 더 쉽고 완전하게 채울 수 있다.

3 건물 주변의 주요 외곽선 작업이 끝나면, 덧문의 세세한 부분을 실 1가닥을 써서 가로 스트레이트 스티치로 수놓는다.

4 잎은 실 2가닥으로 2번 감아 프렌치 노트 스티치로 표현한다. 프렌치 노트의 매듭은 나머지 부분들과 멋진 질감 대비를 이룬다. 질감을 다양하게 표현하고 싶은 용기가 생기면 3번 감은 프렌치 노트를 무작위로 섞어보자.

5 이제 물을 수놓을 차례다. 물은 생기 있고 역동적으로 표현할수록 작품에 아름다움을 더한다. 때문에 스티치들을 나란히 위치시키면 절대 안 된다. 실을 2가닥 써서 스트레이트 스티치로 수놓되, 전체적으로 자유분방한 물결의 느낌을 살려보자. 스티치의 각도와 길이를 다양하게 활용해야 물결이 자연스럽게 표현된다. 단, 스티치를 완전히 수직으로 세우면 안 된다.

색은 자신의 느낌에 따라 감각적으로 조합한다. 가장 좋은 팁은 한 가지 색으로 바늘땀을 여기저기 만드는 것이다. 실은 짧게 잘라(20cm) 하나의 색이 너무 많이 들어가는 상황을 방지한다. 두 번째 색으로 바꿀 때는 어떤 부분을 어느 정도 채우고 싶은지 미리 생각하자. 같은 방식으로 총 4가지 색의 실을 사용한다.

자신만의 창의성을 발휘하면 좋겠지만, 어디서 시작해야 할지 감을 못 잡겠다면 완성된 작품을 참고해보자. 가운데를 밝게 하고, 양옆과 밑 부분은 어두운 색을 사용했다. 색을 정확히 분류하지 않고 섞어서 쓰되, 각 부분마다 주류를 이루는 조합을 찾아야 한다.

6 마지막으로, 다리 난간의 윤곽선을 수놓는다.

베네치아 산마르코 대성당

베네치아에서 가장 유명한 산마르코 대성당은 베네치아 스타일의 르네상스 예술과 라 돌체 비타의 아름다움의 정수가 녹아 있다. 17세기 후반에 건설된 이후 고급스러운 금 모자이크 장식 덕분에 '황금 성당'으로도 일컬어진다. 베네치아 사람들이 역사적으로 긴 시간 동안 부유했음을 알 수 있다.

이 작품은 정교한 자수의 재미를 느낄 수 있다. 지역을 대표하는 성당인 만큼 수준 높은 디테일과 선 작업이 필요하다. 특히 둥근 모양의 선과 짧은 직선들은 정신을 집중해 수놓아야 한다. 스티치를 짧게 잡지 않으면 돔의 부드럽고 웅장한 모양을 표현하기 어렵다. 인내심을 잃지 말고 짧은 백 스티치를 반복해 수놓는 과정을 즐겨 보자. 어느새 여유로움이 가득한 자신을 만날 수 있다.

수놓기

재료
일반 복사지

먹지(혹은 선호하는 밑그림 방법)

무명 캔버스

지름 20cm 나무 수틀

6~9호 사이즈 바늘

DMC 실 색 참조
3352, 520, 320, 632, 938, 310

• 시작하기 전 •

옆 페이지의 디자인 · 도안 스케치를 일반 복사지에 복사한다. 먹지를 이용해 천 위에 복사한 디자인을 옮긴 뒤, 천을 수틀에 고정한다. 먹지로 밑그림을 옮기는 방법이 궁금하다면 12쪽을 참조하자.

도안을 보고 정교하다는 느낌을 받았을 것이다. 작고 음영이 가득한 수많은 창문들이 돔의 윤곽선과 대비를 이루고 있다. 수준 높아 보일지라도 완벽히 수놓을 수 있다는 자신감을 갖자. 창문의 명암을 먼저 표현하고 윤곽선을 만들어도 되고, 돔의 격자무늬는 밑그림을 그리지 않고 자유롭게 표현해도 좋다. 절차에 얽매이지 말자.

필요한 도안을 모두 옮겼으면 천을 수틀에 끼운다.

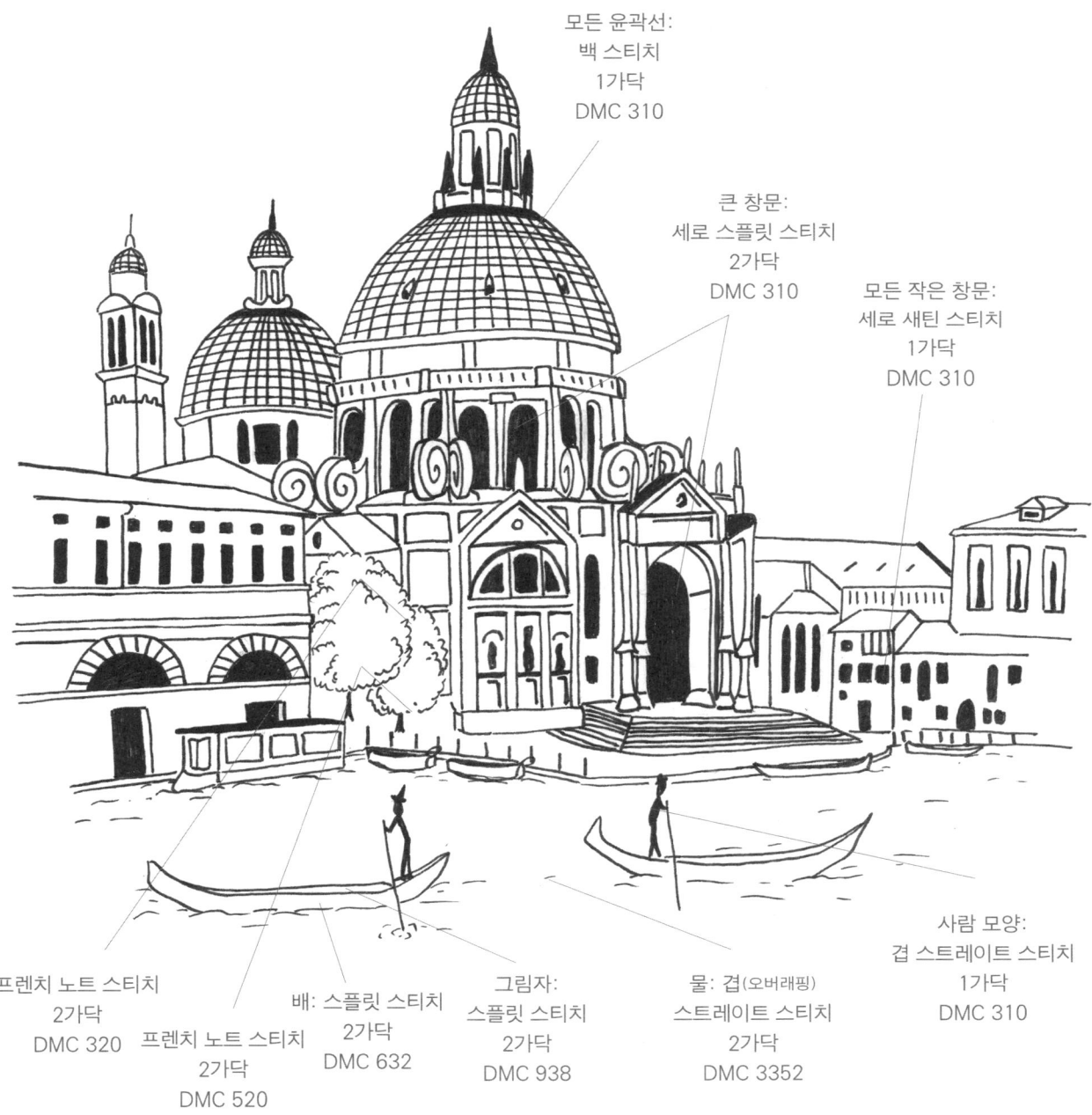

Color List

DMC 3352, 520, 320, 632, 938, 310

모든 윤곽선:
백 스티치
1가닥
DMC 310

큰 창문:
세로 스플릿 스티치
2가닥
DMC 310

모든 작은 창문:
세로 새틴 스티치
1가닥
DMC 310

프렌치 노트 스티치
2가닥
DMC 320

프렌치 노트 스티치
2가닥
DMC 520

배: 스플릿 스티치
2가닥
DMC 632

그림자:
스플릿 스티치
2가닥
DMC 938

물: 겹(오버래핑)
스트레이트 스티치
2가닥
DMC 3352

사람 모양:
겹 스트레이트 스티치
1가닥
DMC 310

1 실 1가닥을 사용해 백 스티치로 윤곽선을 먼저 수놓는다. 건물의 외곽선부터 시작해 창문이나 계단 같은 세세한 부분들을 더해나가면 훨씬 수월하다.

먼저 돔의 외곽선을 수놓은 뒤 안쪽에 격자무늬를 넣자. 건물 외부의 둥근선(까다로운 부분)부터 잡아야 안정감을 느끼며 작업할 수 있다. 성취감은 덤이다.

돔의 격자무늬는 세로선을 먼저 바느질한 뒤 가로선을 덧씌운다. 돔의 모양을 따라 주의를 기울여 선을 수놓아야 전체적으로 둥근 형태가 부드럽게 표현된다.

2 창문과 문의 명암, 즉 검은 면은 실을 2가닥 사용해 스플릿 스티치와 새틴 스티치를 섞어가며 채운다.

어떤 기술을 써야 할지 판단이 서지 않을 때는 바느질을 진행하는 방향의 길이를 참고하면 도움이 된다. 예를 들어 사진에 보이는 긴 창문은 세로가 바늘땀 하나의 길이보다 길다. 그러면 이곳은 스플릿 스티치로 수놓는 게 낫다.

반면 작은 창문은 높이가 낮으니 새틴 스티치가 이상적이다. 도안을 보고 스플릿 스티치를 사용할 곳과 새틴 스티치를 사용할 곳을 구분하자.

3 조각상 같이 미세한 부분을 수놓을 때는 대략적으로 형태를 단순화시켜 형상화한다. 자수가 반드시 실제와 똑같을 필요는 없다. 대신 다양한 길이의 스트레이트 스티치를 활용해 어떻게 해야 조각품과 비슷하게 표현할 수 있을지 상상해보자.

같은 방법을 적용해 곤돌라의 사공도 수놓는다.

4 수풀은 실 2가닥을 2번 감아 만든 프렌치 노트 스티치들을 가깝게 배치해 수놓는다. 밝은 녹색의 매듭을 각각의 나무 위쪽에 배치하면 햇빛을 받는 잎을 표현할 수 있다.

5 베네치아의 상징인 곤돌라는 실 2가닥으로 스플릿 스티치를 사용해 수놓는다. 가로 방향으로 곤돌라의 길이를 따라 수놓는다.

6 마지막으로 물을 수놓는다. 자수로 특정 배경을 표현할 때는 표면을 완전히 채우지 않아도 그 효과를 잘 살릴 수 있다. 물이라는 느낌만 준다는 생각으로 수놓는다. 우선 실 2가닥으로 스트레이트 스티치를 활용해 배 주위에 다양한 각도로 굽이치는 물결을 표현한다. 일부는 스플릿으로 수놓아 작은 물결들이 서로 겹쳐 보이는 느낌을 만든다.

배 주변의 물결을 강조하고 가장자리로 갈수록 옅어지는 느낌을 주려면, 배에서 약간 떨어진 곳에 스티치를 몇 개 추가해보자. 잘 모르겠다면 완성된 자수 작품을 참고하자.

리스본과
바르셀로나의
타일이
깔린 거리

이제 우리는 이탈리아의 멋진 삶에서 벗어나 다채로운 색이 만연한 리스본과 바르셀로나로 향한다. 형형색색의 팔레트와 도안의 조화는 리스본의 예술과 문화의 영광스러운 날들을 떠올리게 할 뿐만 아니라, 당신의 영혼을 밝은 빛으로 인도한다.

우리가 리스본에서 지냈을 땐 끝없는 타일 위로 반사되는 파란 하늘이 행복을 들불처럼 일게 했다. 이 도안을 수놓으면 당신도 똑같은 기분을 느낄 수 있을 것이다. 밝은 색감은 걱정을 잊게 하고 미소 짓게 만든다. 이와 더불어 강한 빛과 색은 행복이 스며들게 하고 새로운 시야를 여는 휴식처가 되어준다. 유명한 건축가인 안토니 가우디가 설계한 구엘 공원과 바르셀로나의 뒷골목에 놓인 화분들을 수놓다 보면, 우리의 손에 생명이 깃들어 저절로 바느질하게 되는 놀라움을 경험할 것이다.

리스본 알파마 거리

리스본에서 가장 오래된 지역인 알파마를 방문하지 않고는 포르투갈을 여행하는 의미가 없다. 알파마의 역사를 마음에 품으면, 이곳에 즐비한 옛 건물의 전면을 덮고 있는 인상적인 타일들에서 눈을 뗄 수 없다. 율석이 깔린 뒷골목, 끊임없이 이어지는 언덕과 계단, 오래된 집들이 특색 있게 느껴지는 이유다.

작품 속 거리는 실제로 우리가 거닐던 많은 길들 중에 한 곳이다. 여러분도 이 작품을 수놓으며 알파마의 역사 속으로 시간 여행을 떠나보기를 바란다.

수놓기

재료
일반 복사지
먹지(혹은 선호하는 밑그림 방법)
무명 캔버스
지름 20cm 나무 수틀
6~9호 사이즈 바늘

DMC 실 색 참조
743, 824, 3799, 986, 310

시작하기 전

옆 페이지의 디자인·도안 스케치를 일반 복사지에 복사한다. 먹지를 이용해 천 위에 복사한 디자인을 옮긴 뒤, 천을 수틀에 고정한다. 먹지로 밑그림을 옮기는 방법이 궁금하다면 12쪽을 참조하자.

이 디자인은 근경, 중경, 배경으로 이루어져 있다. 구도를 알면 세부적인 부분들의 수놓는 순서를 결정하는 데 도움이 된다. 항상 배경부터 먼저 수놓자. 이 작품의 배경은 건물들이다. 중경은 가로등으로, 계단의 가운데에 자리 잡고 있다. 근경은 아래쪽 계단과 난간 손잡이다. 다양한 구도로 이루어진 작품을 밑그림 그릴 때는 중심선을 옮기면 된다. 즉 다른 바늘땀으로 덮지 않는 선만 그려야 한다. 예를 들어 왼쪽 건물의 발코니 쪽 윤곽선은 난간에 덮이므로 밑그림을 그리지 않는다. 그러므로 먼저 건물의 외곽선만 옮기고 발코니 같은 부분은 옮기지 않는 게 좋다. 세세한 부분은 완성본을 참고해 자유롭게 수놓는다. 필요한 도안을 모두 옮겼으면 천을 수틀에 끼운다.

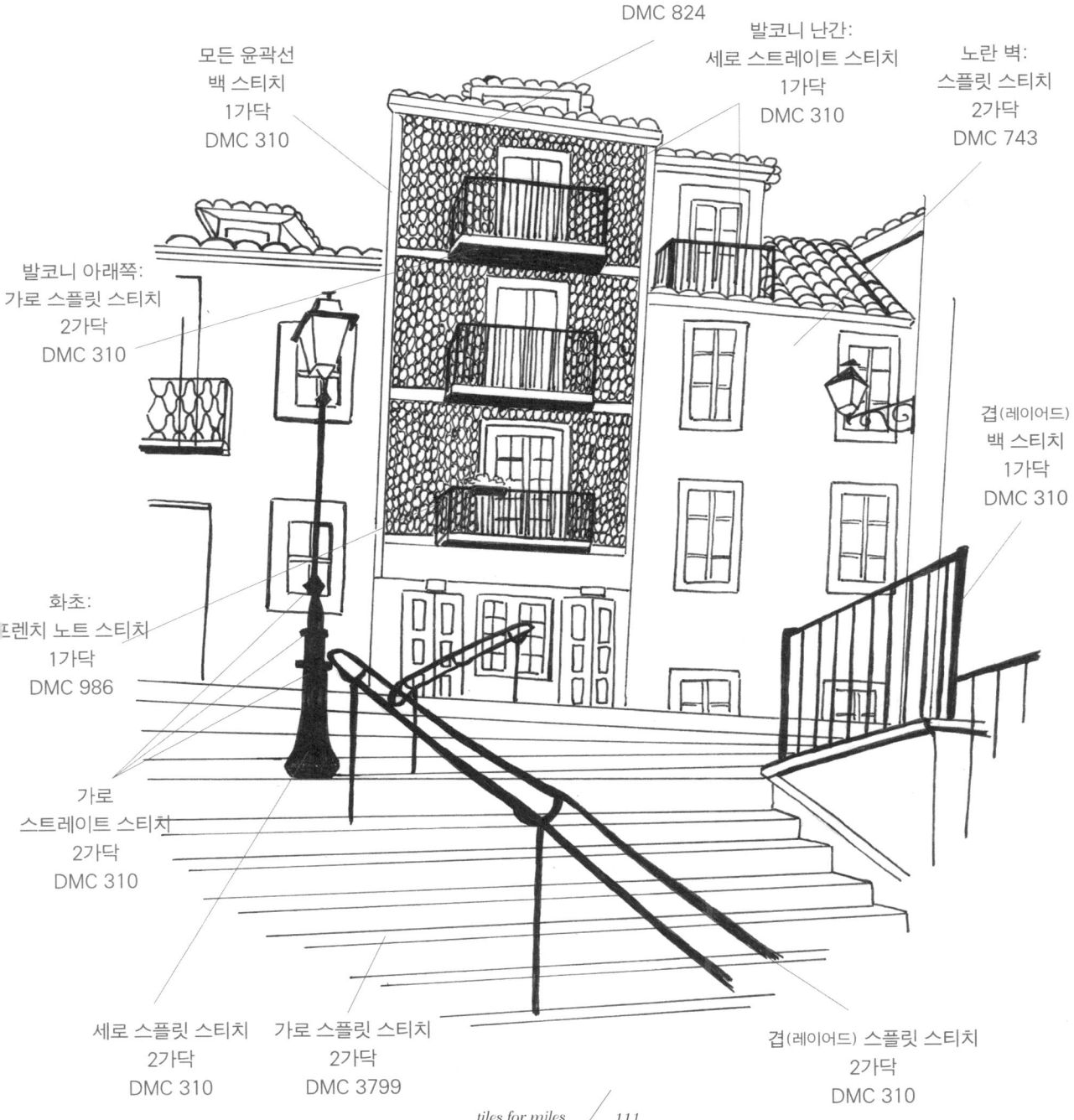

Color List

DMC 743, 824, 3799, 986, 310

격자 백 스티치
1가닥
DMC 824

발코니 난간:
세로 스트레이트 스티치
1가닥
DMC 310

노란 벽:
스플릿 스티치
2가닥
DMC 743

모든 윤곽선
백 스티치
1가닥
DMC 310

발코니 아래쪽:
가로 스플릿 스티치
2가닥
DMC 310

겹(레이어드)
백 스티치
1가닥
DMC 310

화초:
프렌치 노트 스티치
1가닥
DMC 986

가로
스트레이트 스티치
2가닥
DMC 310

세로 스플릿 스티치
2가닥
DMC 310

가로 스플릿 스티치
2가닥
DMC 3799

겹(레이어드) 스플릿 스티치
2가닥
DMC 310

1 실 1가닥으로 백 스티치를 사용해 건물의 윤곽선부터 수놓기 시작한다. 사진으로는 벽이 이미 다 채워져 있는데(2단계 작업이다), 검은 윤곽선의 주변을 채우면 대비되어 선이 더 잘 보이기 때문에 이 사진을 썼다.

2 건물의 전면을 채운다. 오른쪽부터 시작해 실 2가닥으로 세로 스플릿 스티치를 써서 수놓는다.

가로등도 똑같은 방식으로 수놓고, 중간중간 가로 스트레이트 스티치로 질감을 더한다. 도안을 보면 가로로 수놓는 지점을 확인할 수 있다.

3 가운데 건물의 전면은 일반 타일로 덮인 벽의 느낌을 생생하게 표현해야 한다. 백 스티치로 선을 만들어 격자 모양으로 수놓는다. 세로선부터 시작한 뒤 그 위에 가로선을 수놓는다. 이렇게 만들어진 각각의 작은 네모들은 타일을 나타내므로 선의 간격을 가깝게 배치한다.

4 타일을 완성했으면 이제 발코니를 덧댈 차례다. 실 2가닥으로 스플릿 스티치를 사용해 발코니의 바닥 부분을 각각 수놓으며 시작한다. 발코니의 입체감을 강조하는 부분이다. 다시 말해 바닥의 음영을 잘 채워야 발코니가 벽에서 튀어나온 것처럼 보인다(발코니의 각도에 도움을 준다).

그런 다음, 발코니 난간의 위와 양 옆면의 윤곽선을 실 1가닥으로 백 스티치를 써서 2겹으로 수놓는다. 최소 2겹으로 만들어야 건물의 다른 외곽선 및 얇은 세로 기둥들과 구분된다.

외곽선 작업이 끝나면 스트레이트 스티치로 사진에 보이는 것처럼 각각의 세로선을 수놓는다. 발코니 위에서 바닥까지 한번에 긴 스트레이트 스티치로 연결한다. 중요한 점은 발코니 안쪽에 있는 창문을 포함한 모든 것을 마친 후에 이 작업을 시작해야 한다.

5 계단은 실 2가닥을 사용해 가로 스플릿 스티치로 하나하나 채워나간다. 채워진 공간과 빈 공간이 대조를 이뤄 입체감을 준다.

마지막으로, 계단이 완성되면 난간 손잡이를 작업하자. 실 2가닥으로 스플릿 스티치를 사용해 난간이 놓인 방향으로 수놓는다. 원근감을 살려주려면 위쪽 난간은 스플릿 스티치 2겹으로 바느질하고, 계단 아래쪽의 난간은 3겹으로 수놓는다.

리스본 거리

리스본의 거리를 걷다 보면 끝없이 이어진 타일 바닥을 보고 놀라움을 감출 수 없다. 포르투갈의 수도는 말 그대로 타일의 거리다. 아름다운 타일들은 건축 자재 만큼이나 훌륭한 장식이다. 강렬한 색과 반복되는 도안이 넓게 뻗어나가며 거리가 살아움직이는 듯한 인상을 심어준다.

이 작품에는 평범한 거리의 단순한 아름다움이 담겨 있다. 경사가 있고, 가파른 길에 수많은 율석들이 울퉁불퉁 깔려 있는 구도지만, 겁내지 말자. 반복된 작업을 하다 보면 오히려 긴장이 풀어지고, 이 작품 속 풍경에 푹 빠질 것이다.

수놓기

재료
일반 복사지
먹지(혹은 선호하는 밑그림 방법)
무명 캔버스
지름 20cm 나무 수틀
6~9호 사이즈 바늘

DMC 실 색 참조
310, 04, 03, 3799, 743, 597

시작하기 전

옆 페이지의 디자인 · 도안 스케치를 일반 복사지에 복사한다. 먹지를 이용해 천 위에 복사한 디자인을 옮긴 뒤, 천을 수틀에 고정한다. 먹지로 밑그림을 옮기는 방법이 궁금하다면 12쪽을 참조하자.

이 작품은 밑그림을 옮길 때 각각의 구성 요소에서 주요 윤곽선만 옮긴다. 세세한 디테일을 모두 옮기면 스티치 사이로 밑그림이 보일 수 있다. 그 대신 수놓는 행위에 더 많은 시간을 투자하자.

인도와 도로의 윤곽선만 옮기고 율석과 보도블록의 세부적인 모습은 자유롭게 수놓는다. 타일들 사이에 직선이 없어야 훨씬 자연스럽고 부드러운 형태로 표현할 수 있다. 윤곽선을 기준 삼아 자유롭게 만들어보자. 스티치를 가지런히 만들 자신이 없다면 선의 처음, 중간, 끝을 표시하고 그 선을 따라 수놓는다.

필요한 도안을 모두 옮겼으면 천을 수틀에 끼운다.

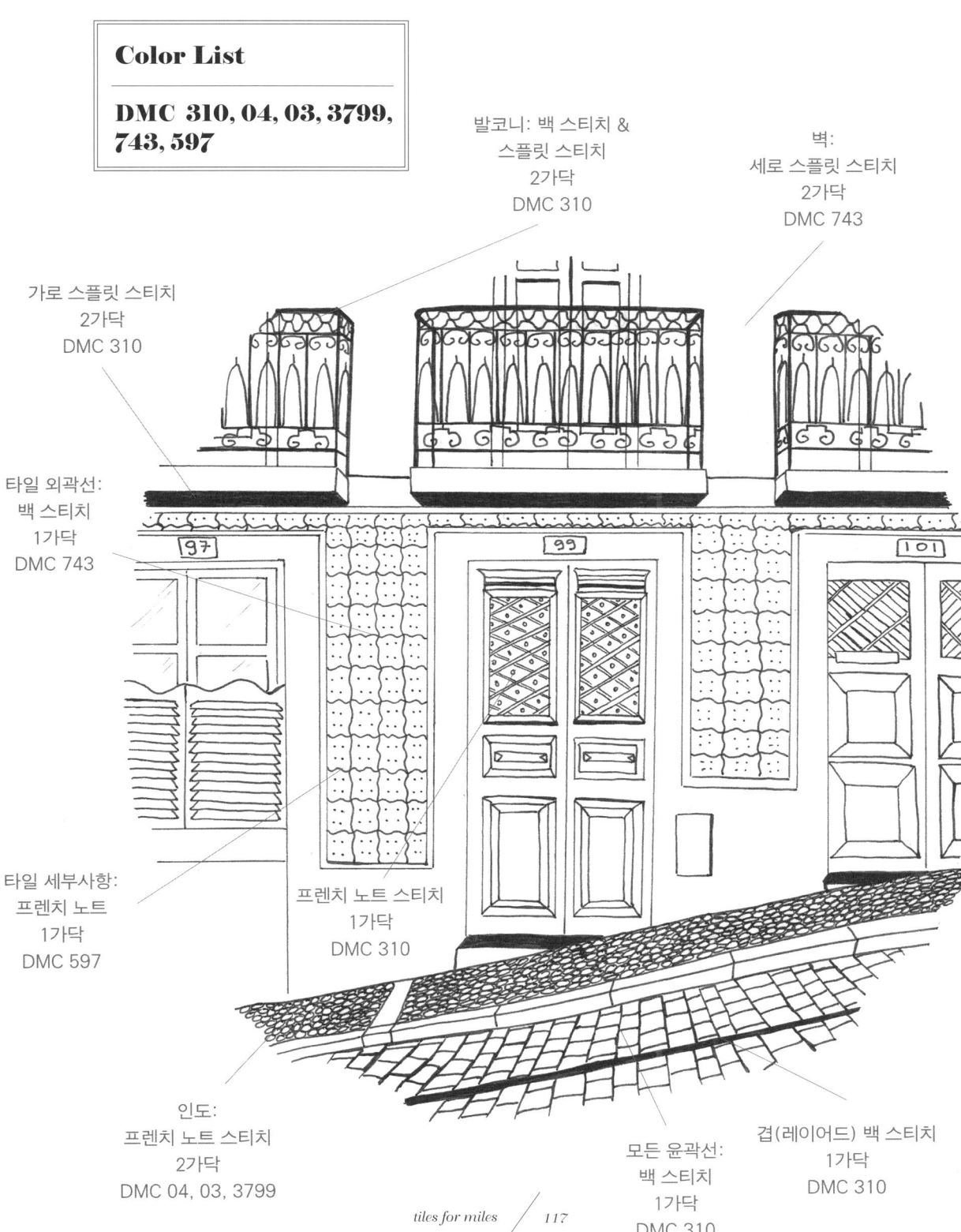

Color List

DMC 310, 04, 03, 3799, 743, 597

발코니: 백 스티치 &
스플릿 스티치
2가닥
DMC 310

벽:
세로 스플릿 스티치
2가닥
DMC 743

가로 스플릿 스티치
2가닥
DMC 310

타일 외곽선:
백 스티치
1가닥
DMC 743

타일 세부사항:
프렌치 노트
1가닥
DMC 597

프렌치 노트 스티치
1가닥
DMC 310

인도:
프렌치 노트 스티치
2가닥
DMC 04, 03, 3799

모든 윤곽선:
백 스티치
1가닥
DMC 310

겹(레이어드) 백 스티치
1가닥
DMC 310

tiles for miles

1 실 1가닥으로 백 스티치를 사용해 검은 윤곽선을 수놓으며 시작한다. 문, 인도, 도로와 위층 창문들의 윤곽선이 이에 해당한다. 발코니는 난간 뒤의 노란 면들을 먼저 채우기 전까지 수놓을 필요가 없다.

사진을 보면, 윤곽선들이 (4단계에서 작업하는) 화려한 색의 타일들과 대비되는 모습을 볼 수 있다. 또 실 1가닥으로 2번 감아 만든 프렌치 노트 스티치들이 가운데 창문의 디테일을 살려주는 모습도 보인다.

2 보도블록은 하나하나 윤곽선을 그리지 않고, 실 2가닥으로 2번 감은 프렌치 노트 스티치를 활용해 각각 표현한다. 3가지 다른 색의 매듭을 무작위로 섞어 생동감과 질감을 강조한다. 한 가지 팁이라면 한 번에 한 가지 색의 실을 사용해 무작위로 매듭을 만드는 것이다. 다만 천 뒷면에 이어지는 선이 너무 길면 실이 지나치게 겹칠 수 있으니 주의하자. 겹치는 실이 너무 많으면 바늘을 통과시키기 힘들다.

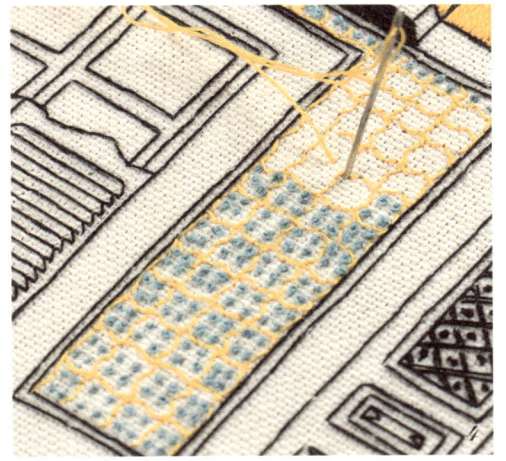

3 실 2가닥으로 스플릿 스티치를 세로로 사용해 노란 벽을 수놓는다. 사진에서는 스플릿 스티치 방법을 보여주려고 가운데 빈 공간을 남겨 놨다. 완성된 작품을 보면 발코니 안쪽의 벽을 먼저 수놓아 발코니의 입체감을 조금 더 살려주었다.

4 타일은 다음 2단계로 수놓는다.

a. 실 1가닥으로 백 스티치를 사용해 물결 모양으로 수놓는다. 다시 말해 백 스티치로 스티치를 짧게 잡아 직선이 아닌 부드러운 곡선을 만든다. 세로 물결선을 먼저 만들고, 그 위에 가로선을 만든다. 이렇게 완성된 물결 모양의 네모들이 각각의 타일을 나타낸다.

b. 그다음 실 1가닥으로 1번 감아 만든 작은 프렌치 노트 스티치를 타일 하나당 4개씩 만든다. 맨 윗줄의 타일들은(문과 발코니 사이에 낀 타일들) 공간이 부족해 반으로 나눴으니, 각 타일마다 매듭을 2개씩만 만든다. 이 매듭들은 조화롭고 반복적인 작품의 형태에 기여하며 표면의 질감을 더한다.

5 마지막으로, 배경의 노란 벽을 채웠으면 그 위로 발코니의 모습을 정교하게 수놓는다. 난간은 자수 스티치 기법을 섞어 표현한다. 부담감은 잠시 접어두고, 백 스티치 기술로 실 2가닥을 사용해 외곽선부터 잡아준다. 상대적으로 더 두꺼운 선들은 먼저 수놓은 스티치 위에 백 스티치로 선을 덧대어 표현한다.

모든 둥근 모양은 스티치를 짧게 잡아 백 스티치로 정교하게 표현한다.

발코니의 아랫부분은 실 2가닥으로 스플릿 스티치를 활용해 가로로 수놓는다.

바르셀로나 구엘 공원

바르셀로나 구엘 공원의 형형색색 타일들은 흐린 날에도 밝게 빛난다. 안토니 가우디가 1900~1914년까지 설계하고 만든 구엘 공원은 1980년에 유네스코 세계문화유산으로 선정됐다.

이 작품에는 즐거움이 가득하다. 이 도안의 가장 좋은 점은 당신이 제일 좋아하는 색을 자유롭게 사용할 수 있다는 것이다. 실제로 공원의 타일들은 자주 교체되고 제작되는데, 인터넷만 뒤져봐도 엄청나게 다양한 색감을 볼 수 있다. 우리가 사용한 색을 표기해두긴 했지만, 같은 색을 사용하지 않아도 되므로 참고만 하자. 이 작품에서는 스스로 색감을 채워보는 재미를 느껴보자.

수놓기

재료

일반 복사지

먹지(혹은 선호하는 밑그림 방법)

무명 캔버스

지름 20cm 나무 수틀

6~9호 사이즈 바늘

DMC 실 색 참조

824, 312, 322, 26, 498, 340, 648, ecru, 932, 349,
986, 320, 3771, 3853, 783, 3820,
3348, 3347, 905, 520, 3799, 310

시작하기 전

옆 페이지의 디자인 · 도안 스케치를 일반 복사지에 복사한다. 타일을 수놓기 전에 사용하고 싶은 색들을 미리 생각해두자. 복사지에 여러 가지 색연필로 다양한 색을 조합하여 밑그림을 그려보면 작품을 완성했을 때 색의 분위기를 가능할 수 있다.

먹지를 이용해 천 위에 복사한 디자인을 옮긴 뒤, 천을 수틀에 고정한다. 먹지로 밑그림을 옮기는 방법이 궁금하다면 12쪽을 참조하자.

이 작품은 화초와 잎을 제외한 모든 윤곽선을 밑그림으로 옮긴다.

필요한 도안을 모두 옮겼으면 천을 수틀에 끼운다.

Color List

**DMC 824, 312, 322, 26,
498, 340, 648, ecru, 932,
349, 986, 320, 3771, 3853,
783, 3820, 3348, 3347,
905, 520, 3799, 310**

가로 백 스티치:
2가닥
DMC 322

모든 윤곽선:
백 스티치
1가닥
DMC 3799

수풀:
프렌치 노트 스티치
2가닥
DMC 3347

세로 스플릿 스티치
2가닥
DMC 3799

나무:
줄기: 백 스티치
2가닥
DMC 310
잎: 스트레이트 스티치
1가닥
DMC 986

타일: 새틴 스티치
2가닥
우리가 사용한 색(좋아하는 색을 사용해도 무방함):
DMC 824, 312, 322, 26, 498, 340, 648, ecru, 932, 349,
986, 320, 3771, 3853, 783, 3820, 3348, 3347, 905, 520

타일 외곽선:
백 스티치
2가닥
DMC ecru

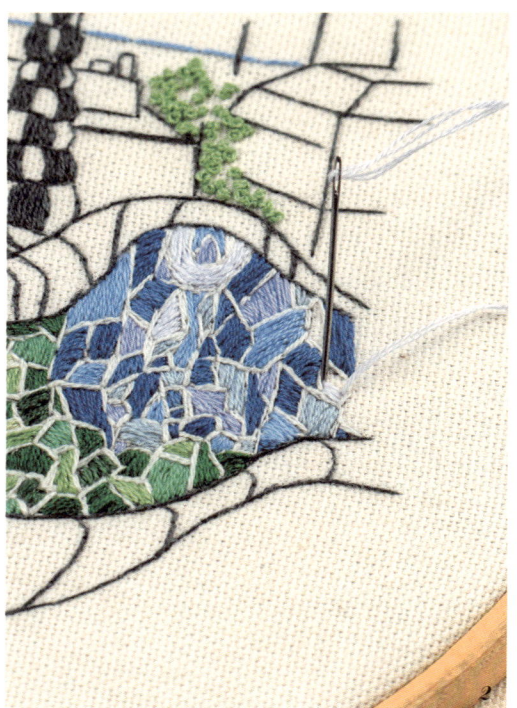

 실 1가닥으로 백 스티치를 사용해 모든 윤곽선을 수놓으며 시작한다. 크림색을 사용하는 타일을 제외한 모든 윤곽선은 어두운 회색 실을 사용한다. 타일의 하얀 외곽선은 실재 타일을 모자이크 방식으로 붙일 때 사용하는 하얀 충전제를 표현한 것이다.

도시의 외곽선은 회색으로 수놓고, 타일 주변은 크림색 실로, 수평선은 파란색 실로 수놓는다.

사진을 보면, 다양한 색으로 표현된(2단계) 타일들을 크림색 실이 감싸고 있는 것을 볼 수 있다. 또 회색 윤곽선이 바르셀로나 도시의 실루엣을, 파란 백 스티치가 지중해의 수평선을 나타내는 모습도 보인다.

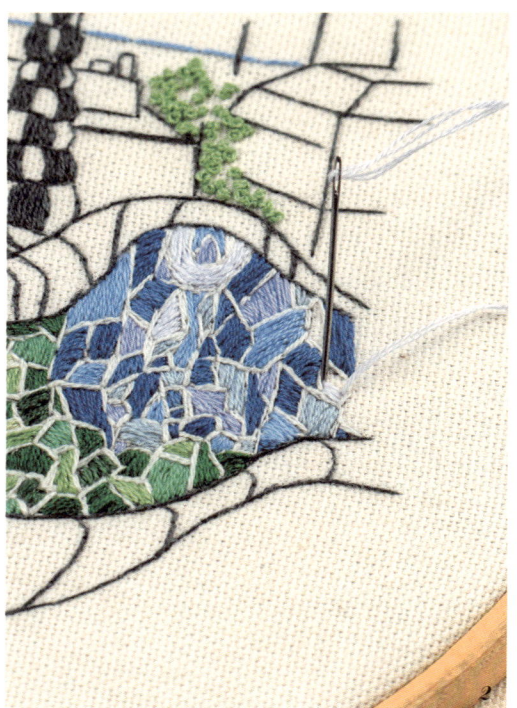 실 2가닥으로 새틴 스티치를 사용해 모든 타일을 채운다. 스티치의 방향을 다양하게 만들어 타일이 주는 질감을 다르게 표현한다. 어떤 타일은 세로 새틴 스티치로, 다른 타일은 가로로, 또 다른 타일은 각도를 바꿔 수놓는다.

타일 벽 바로 뒤에 있는 작은 타워에도 실로 덮어야 하는 타일이 있다. 사진 2 왼쪽 상단 부분으로, 완성본에서 도안을 확인해보자. 타워의 타일들도 실 2가닥으로 바느질하되, 약간 휘어져 있는 윤곽선에 맞춰 세로 스플릿 스티치로 수놓는다. 가우디 작품에서는 약간 휘어진 타일들을 자주 볼 수 있는데, 이는 타워의 경쾌한 형태를 강조한다.

3. 수풀은 실 2가닥으로 2번 감아 만든 프렌치 노트 스티치로 표현한다. 수풀의 대략적인 위치에 매듭을 자유롭게 수놓는다. 각각 매듭의 위치는 딱히 정해져 있지 않다. 이 매듭들은 작품의 대부분을 차지하는 부드러운 새틴 스티치와 멋진 질감 대비를 이룬다.

4. 마지막으로, 다음 2단계를 거쳐 야자나무를 수놓는다.

a. 검은색 실 2가닥으로 가지들을 수놓는다. 가지들은 다음 단계에서 잎을 수놓는 기준선이 된다.

b. 녹색 실 1가닥으로 가지에서 자라는 뾰족한 잎을 스트레이트 스티치 한 땀으로 표현한다. 스티치 사이에 약간의 틈을 준다. 기준선 역할을 하는 가지에 작은 잎 혹은 가지들을 많이 달아주되, 전체적으로 둥근 형태를 이뤄야 진짜 야자수처럼 느껴진다. 어떻게 해야 할지 잘 모르겠다면 실제로 봤을 때 어떤 모습으로 보이는지 떠올려보자.

바르셀로나 거리

책에 수록된 작품들 중 유일하게 기억에 상상을 더해 도안을 만들었다. 우리는 바르셀로나의 뒷골목을 걸으면서 갖가지 화분으로 둘러싸여 있는 집의 대문을 셀 수 없이 많이 보았다. 마치 동화 속에서나 볼 수 있는 장면 같았다. 앞의 작품과 마찬가지로 우리가 사용한 색을 표기해두었으나, 자유롭게 좋아하는 종류의 꽃으로 바꿔도 좋고, 색을 다르게 표현하며 재미를 극대화해도 좋다.

수놓기

재료
일반 복사지

먹지(혹은 선호하는 밑그림 방법)

무명 캔버스

지름 20cm 나무 수틀

6~9호 사이즈 바늘

DMC 실 색 참조
310, 783, 3820, 986, 520, 320, 905, 353,

107, 52, 632, 938

시작하기 전

옆 페이지의 디자인 · 도안 스케치를 일반 복사지에 복사한다. 먹지를 이용해 천 위에 복사한 디자인을 옮긴 뒤, 천을 수틀에 고정한다. 먹지로 밑그림을 옮기는 방법이 궁금하다면 12쪽을 참조하자.

자유롭게 디자인할 수 있는 작품으로, 입구와 화분, 벤치의 윤곽선에만 집중하면 된다. 창의성을 발휘하기로 마음먹었다면, 미리 약간의 스케치를 해보기를 바란다. 그림을 그려보면 화초들이 잘 어우러지는 가장 멋진 색들의 조합을 찾을 수 있다.

스케치를 마쳤으면 먹지를 대고 밑그림을 옮길지, 아니면 천에 직접 그릴지 선택한다. 일반 연필을 사용한다면 반드시 자수로 완전히 덮이는 곳에만 밑그림 선을 그어야 한다. 수용성 펜이라면 작품을 완성한 뒤 물에 헹구면 쉽게 지워진다.

필요한 도안을 모두 옮겼으면 천을 수틀에 끼운다.

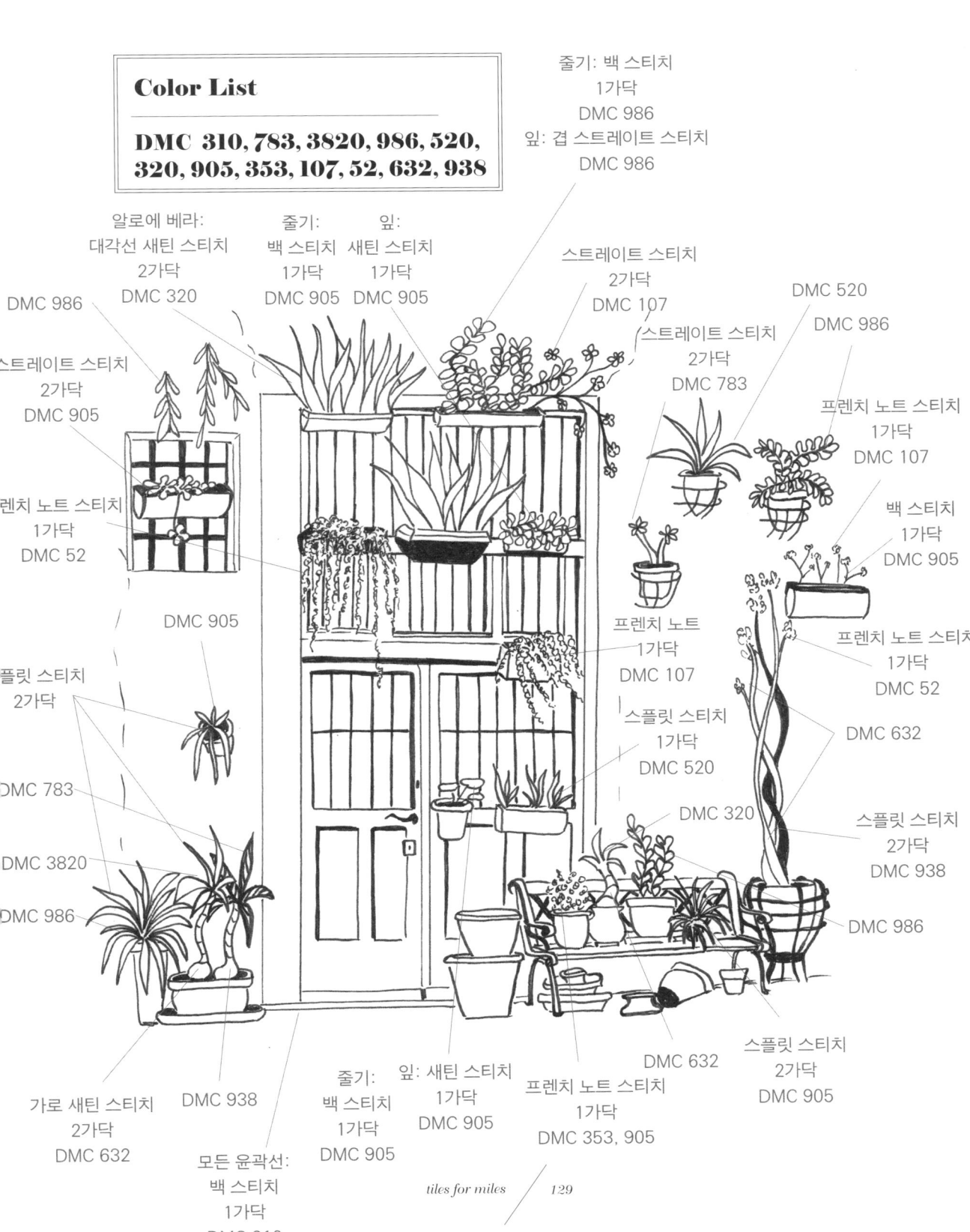

Color List

DMC 310, 783, 3820, 986, 520,
320, 905, 353, 107, 52, 632, 938

줄기: 백 스티치
1가닥
DMC 986
잎: 겹 스트레이트 스티치
DMC 986

알로에 베라:
대각선 새틴 스티치
2가닥
DMC 320

줄기:
백 스티치
1가닥
DMC 905

잎:
새틴 스티치
1가닥
DMC 905

스트레이트 스티치
2가닥
DMC 107

스트레이트 스티치
2가닥
DMC 783

DMC 520

DMC 986

DMC 986

스트레이트 스티치
2가닥
DMC 905

프렌치 노트 스티치
1가닥
DMC 107

렌치 노트 스티치
1가닥
DMC 52

백 스티치
1가닥
DMC 905

DMC 905

프렌치 노트
1가닥
DMC 107

프렌치 노트 스티치
1가닥
DMC 52

플릿 스티치
2가닥

스플릿 스티치
1가닥
DMC 520

DMC 632

DMC 783

DMC 3820

DMC 320

스플릿 스티치
2가닥
DMC 938

DMC 986

DMC 986

가로 새틴 스티치
2가닥
DMC 632

DMC 938

줄기:
백 스티치
1가닥
DMC 905

잎: 새틴 스티치
1가닥
DMC 905

프렌치 노트 스티치
1가닥
DMC 353, 905

DMC 632

스플릿 스티치
2가닥
DMC 905

모든 윤곽선:
백 스티치
1가닥
DMC 310

tiles for miles / 129

✎ 문의 윤곽선을 먼저 수놓은 뒤 화분과 벤치의 윤곽선을 작업한다.

2~6단계는 식물의 도안을 수놓는 방법을 설명하고 있다. 각양각색의 식물이지만 바느질 방식은 똑같으므로 자세하게 설명하지는 않았다. 스티치 기법을 잘 모르겠다면, 우리가 사용한 도안 표시를 참고해 사용된 기술을 살펴보자. 도안에 색 목록만 나와 있다면, 같은 색을 쓴 식물과 동일하게 작업하면 된다는 뜻이다.

2 왼쪽 구석에 있는 노란 식물처럼 줄기가 두꺼운 화초들은 모두 실 2가닥을 써서 가로 새틴 스티치로 표현한다. 위쪽으로 수놓으며 줄기의 형태를 잡아준다.

이와 종류가 비슷한 식물의 잎들(왼쪽의 녹색 식물도 잎의 모양이 똑같다)은 실 2가닥으로 스플릿 스티치를 사용해, 각각의 잎의 방향을 다양하게 표현한다.

3 창틀에 걸려 있는 작은 선인장들은 2단계에서 잎을 표현한 과정과 동일하게 작업한다. 즉 실 2가닥으로 스플릿 스티치를 사용해 잎들의 방향을 잡는다.

4 사진에 보이는 다양한 화초들은 두 가지로 나눠 설명한다. 먼저, 정면과 왼쪽 위에 보이는 알로에 베라에 집중하자.

각각의 잎은 새틴 스티치를 사용한다. 사진에 보이는 것처럼 각 잎들은 스티치 각도를 바꿔 질감을 살리고 자연스러운 느낌을 강조한다. 이렇게 방향을 바꿔주면 실의 색을 바꾸지 않아도 살짝 달라 보이는 효과가 생긴다. 어떤 디자인의 식물이든 효과적으로 활용할 수 있는 방법이다.

5 창틀에 매달려 있는 꽃은 실 1가닥을 사용해 프렌치 노트 스티치로 표현하는 게 최선이다. 매듭의 방향과 위치를 정하기 위해 먼저 줄기부터 녹색 실 1가닥으로 백 스티치로 수놓는다. 그리고 줄기의 선을 따라가며 매듭을 서로 가깝게 붙여 꽃을 생생하게 표현해보자.

다음으로, 아래에 있는 작은 식물 두 종류를 보자(125쪽에 나오는 기술과 설명을 참조하자). 왼쪽 식물은 2단계로 수놓는데, 모두 실 1가닥을 쓴다. 먼저 각각의 줄기를 백 스티치로 만든다. 그리고 가로 새틴 스티치로 크고 넓적한 잎을 표현한다. 오른쪽 식물은 앞서 사진2, 3의 식물과 같은 방식으로 만든다. 먼저, 스플릿 스티치로 잎의 방향을 정한다. 마찬가지로 잎들이 상대적으로 작으니 실을 1가닥만 사용한다.

6

6 바늘로 표시한 마지막 식물은 두 단계로 수놓는다.

a. 줄기는 실 2가닥으로 백 스티치 기술을 써서 수놓는다.

b. 줄기에서 뻗어 나오는 잎의 모양은 2개의 스트레이트 스티치를 나란히 만들어 표현한다. 한쪽 끝은 같은 구멍을 쓴다.

사진 6에서 보이는 다른 식물들은 앞서 설명한 대로 동일하게 작업하면 된다. 왼쪽 위 알로에 베라는 사진 4와 같은 방식이다. 왼쪽 아래 식물은 사진 2에 나온 식물과 동일하며 크기만 작은 버전이다. 그래서 각 잎을 스플릿 스티치로 하지 않아도 스트레이트 스티치 1번으로 충분히 표현할 수 있다. 줄기도 마찬가지로 가로 새틴 스티치로 수놓아도 되고, 갈색 실을 사용해 스플릿 스티치로 수놓아도 된다.

마지막으로, 오른쪽 아래에 있는 식물은 줄기의 끝 부분만 프렌치 노트 스티치로 표현하면 된다. 다시 말해 각 식물의 줄기를 녹색 실 1가닥으로 백 스티치를 사용해 먼저 수놓는다. 그다음, 실 1가닥으로 2번 감아 만든 작은 프렌치 노트 스티치를 줄기의 끝에 수놓아 꽃을 표현한다.

휘게의 시간

우리는 북유럽으로 여행을 계속하며 휘게의 문화를 직접 경험했다. 스칸디나비아 출신인 나는 북유럽 문화에 익숙하다. 안락함, 로맨틱함, 여유와 낭만을 떠가닥리게 하는 모든 것들과 관련있다. 휘게는 곧 손자수가 당신에게 선사하는 기분으로도 정의할 수 있다. 이 장에 실린 도안들을 수놓다 보면 휘게에 완전히 빠져들 것이다. 이보다 더 편하고 안락한 게 있을까? 양초를 켠 후 부드러운 배경음악을 깔고, 좋아하는 차를 마시며 포근한 장소에서 자수를 수놓아 보자. 기쁨은 나눌 때 더 커진다고 믿는다. 저녁에 친구들과 함께 자수를 해보면 어떨까?

손자수는 당신을 휘게의 심장인 코펜하겐으로 안내할 뿐 아니라, 가족이나 친구가 그리워지게 만든다. 한 번에 한 땀씩, 모든 걱정들이 창문 밖으로 사라지는 기분을 느껴 보자.

코펜하겐 니하운

휘게의 탄생지인 코펜하겐을 담은 작품부터 시작해보자. 니하운은 17세기 덴마크의 수도 중심부에 위치한 항구로, 그 역사는 휘게와 거리가 멀다. 하지만 지금은 친구나 가족들과 행복하고 멋진 시간을 보낼 수 있는 카페와 바, 레스토랑이 가득하다. 17~18세기에 걸쳐 다채로운 색감의 건물이 생겨난 이 항구는 오래된 나무배들의 안식처와 같은 곳이다.

이 작품은 밝은 색감 덕분에 자수를 놓을 때마다 영혼이 둥실 떠오르는 기분이다. 주로 작고 깔끔한 바늘땀으로 이루어진 작품인 만큼, 완성했을 때의 성취감은 이루 말할 수 없다. 진짜 덴마크 사람처럼 담요를 덮고 소파에 웅크리고 앉아 커피를 마시며, 창의적으로 수놓을 준비를 해보자.

수놓기

재료

일반 복사지

먹지(혹은 선호하는 밑그림 방법)

무명 캔버스

지름 20cm 나무 수틀

6~9호 사이즈 바늘

DMC 실 색 참조

310, 349, 938, 844, 728, 986, 3799, blanc,

932, 3325, 3716

시작하기 전

옆 페이지의 디자인·도안 스케치를 일반 복사지에 복사한다. 먹지를 이용해 천 위에 복사한 디자인을 옮긴 뒤, 천을 수틀에 고정한다. 먹지로 밑그림을 옮기는 방법이 궁금하다면 12쪽을 참조하자.

이 작품은 별다른 어려움 없이 밑그림을 옮길 수 있다. 신경 써서 수놓아야 할 부분은 창문틀이 유일하다. 창문틀을 수놓기 전에 창문의 표면을 모두 실로 덮어야 하기 때문에 밑그림이 보이지 않아 어려울 수도 있다. 덴마크의 바이킹(biking, 자전거) 인구를 상징해 넣은 작은 자전거도 마찬가지이다. 만약 형태가 감이 안 잡히면 과감히 빼놓고 작업해도 된다. 필요한 도안을 모두 옮겼으면 천을 수틀에 끼운다.

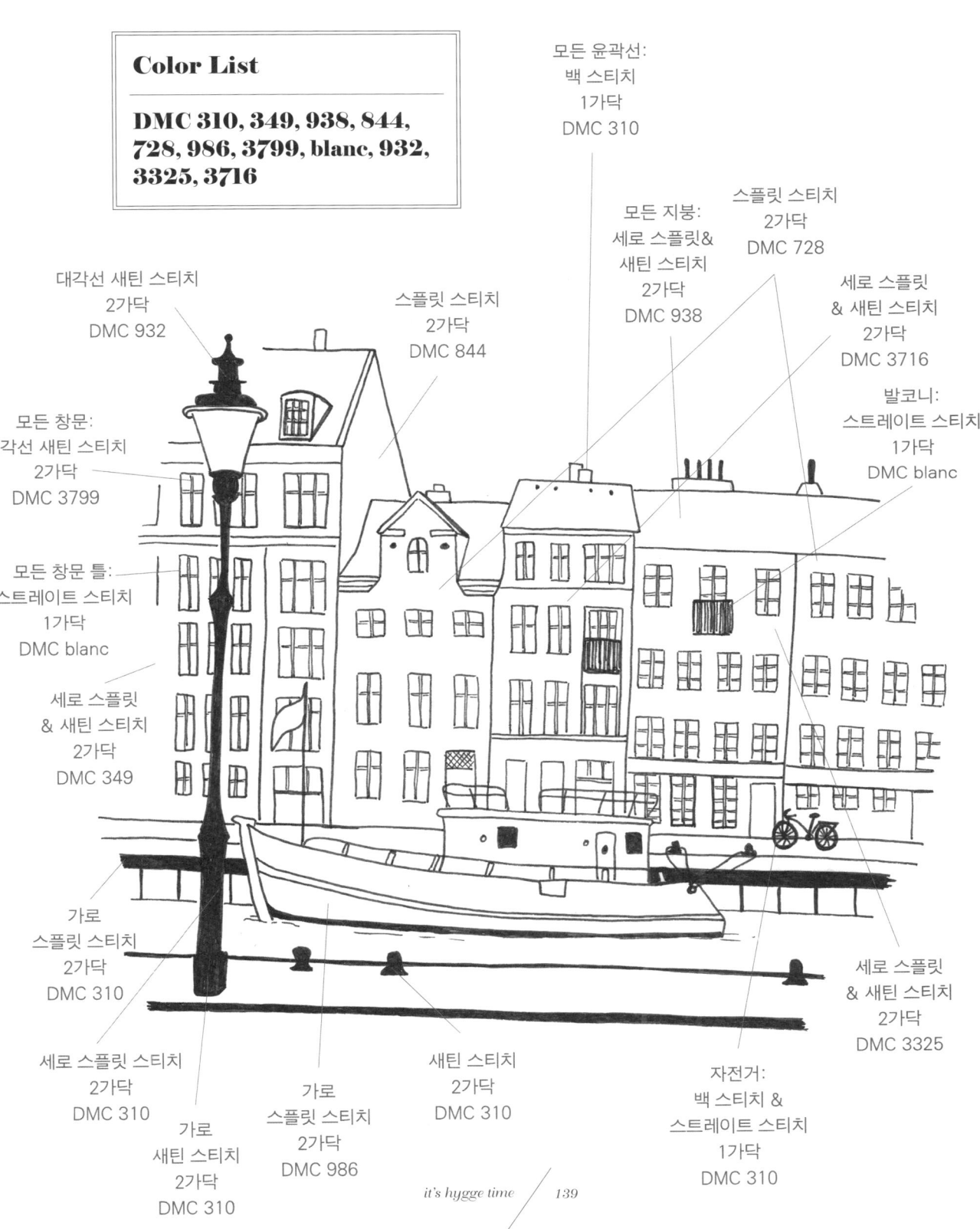

Color List

DMC 310, 349, 938, 844,
728, 986, 3799, blanc, 932,
3325, 3716

모든 윤곽선:
백 스티치
1가닥
DMC 310

모든 지붕:
세로 스플릿&
새틴 스티치
2가닥
DMC 938

스플릿 스티치
2가닥
DMC 728

세로 스플릿
& 새틴 스티치
2가닥
DMC 3716

대각선 새틴 스티치
2가닥
DMC 932

스플릿 스티치
2가닥
DMC 844

발코니:
스트레이트 스티치
1가닥
DMC blanc

모든 창문:
대각선 새틴 스티치
2가닥
DMC 3799

모든 창문 틀:
스트레이트 스티치
1가닥
DMC blanc

세로 스플릿
& 새틴 스티치
2가닥
DMC 349

가로
스플릿 스티치
2가닥
DMC 310

세로 스플릿
& 새틴 스티치
2가닥
DMC 3325

세로 스플릿 스티치
2가닥
DMC 310

가로
새틴 스티치
2가닥
DMC 310

가로
스플릿 스티치
2가닥
DMC 986

새틴 스티치
2가닥
DMC 310

자전거:
백 스티치 &
스트레이트 스티치
1가닥
DMC 310

1 윤곽선은 표면을 채우기 전에 전체 디자인을 한발 앞서 보여주므로, 가장 먼저 작업하는 게 좋다. 하지만 이 작품은 개인에 따라 선호하는 방법이나 가장 쉬운 방법을 찾는 게 더 중요하다. 건물은 표면이 다 채워져 있지만 굴뚝은 일부만 그려져 있다. 순서에 상관없이 자신이 원하는 지점에 윤곽선을 넣어 건물과 대조를 이루게 해야 더 선명하게 보일 수 있다는 점만 명심하자.

검은색 실 1가닥으로 백 스티치를 사용해 윤곽선을 수놓는다. 건물들의 외곽선부터 만들기 시작해 가로등, 배, 길의 순서로 진행한다. 창문 주변의 외곽선은 5단계에서 윤곽을 잡으므로 여기선 제외하자. 배의 난간도 6단계에서 표면의 색을 모두 채운 다음 수놓을 것이므로 제외한다.

2 실 2가닥으로 스플릿 스티치를 세로로 사용해 벽면을 채운다. 창문 사이의 간격이 좁은 부분은 스플릿 스티치를 사용하기 어려우니 세로 새틴 스티치로 수놓는다. 사진을 보면, 창문의 왼쪽과 오른쪽은 긴 스플릿 스티치로, 창문의 아래와 위 좁은 공간은 작은 새틴 스티치로 수놓았다.

지붕은 새틴 스티치만 사용해도 되고 스플릿 스티치와 섞어 작업해도 된다(사진에서는 2가지 기술을 사용했다). 중요한 점은 지붕면의 각도에 따라 수를 놓아야 한다는 것이다. 지붕을 가로 방향으로 수를 놓아가되, 각도를 서로 맞춰 진행해야 건물의 원근감과 입체감이 강조된다.

3 가로등은 여러 스티치 기법을 사용해 단계적으로 수놓는다.

   a. 가로등 가장 밑 받침대 부분은 실 2가닥으로 가로 새틴 스티치로 수놓는다.

   b. 나머지 가로등 기둥은 실 2가닥으로 세로 스플릿 스티치로 수놓는다.

   c. 갓(머리) 부분은 실 2가닥으로 가로 새틴 스티치를 사용하고, 꼭대기는 프렌치 노트로 마무리 한다.

   d. 마지막으로 사진 3에 보이는 램프 부분은 실 2가닥으로 새틴 스티치를 써서 대각선으로 수놓는다.

   스티치의 각도가 다양해 헷갈릴 수 있지만, 완성했을 때 사실적으로 보이는 장점이 있다.

4 창문들은 실 2가닥으로 새틴 스티치를 사용해 대각선으로 수놓는다. 대각선 바늘땀은 벽의 세로 스티치와 대조를 이뤄 빛이 유리에 반사되는 것처럼 보이는 효과를 준다.

5 창문틀은 실 1가닥으로 스트레이트 스티치를 써서 만든다. 도안을 참고해 상대적인 위치를 파악하자. 창틀
을 추가하면 작품이 한결 완성도를 갖춘 모습을 즉시 확인할 수 있다. 단, 창문틀을 더하기 전에 창문을 미리
모두 완성해두어야 한다.

6 창문틀까지 완성했다면, 배의 외곽선을 마무리한다. 배의 바닥 부분을 따라 스플릿 스티치로 가로선을 넣으며 시작한다. 마지막으로 난간은 실 1가닥으로 백 스티치를 사용하여 수놓는다.

7 마지막 디테일은 자전거다. 크기가 작아 어려워 보이지만 충분히 해볼 수 있다. 지금까지 책을 통해 스티치를 작게 만드는 연습을 했다면 이제 활용해볼 차례다. 자전거의 몸통은 자유롭게 스트레이트 스티치를 사용하되, 바퀴는 백 스티치 기술로 윤곽선을 수놓는 게 가장 좋다.

코펜하겐 거리

덴마크의 수도 코펜하겐은 자전거의 도시로 명성이 자자하다. 인구의 절반 이상이 자전거를 이용해 회사나 학교에 간다고 할 정도이니, 가정집 벽돌담에 자전거가 한두 대 주차된 모습은 흔하게 볼 수 있다. 이보다 더 건강에도 좋고 환경에도 좋은 휘게가 어디 있을까? 컬러풀한 윤곽선에 집중하는 작품으로, 결과물을 평소보다 빨리 만날 수 있다. 손자수는 언제나 기분을 전환해주는 매개체이다. 차분하게 백 스티치를 반복적으로 수놓다 보면, 덴마크 사람들처럼 휘게의 정신으로 자전거를 타는 상상을 하게 된다. 내가 타는 자전거는 어떤 모습일까? 색깔은? 어쩌면 좋아하는 사람과 2인용 자전거를 타고 여행하는 장면이 떠오를지도 모른다. 상상력과 창의력을 더해 자전거의 모양을 자유롭게 바꾸어 표현해도 좋다.

수놓기

재료

일반 복사지

먹지(혹은 선호하는 밑그림 방법)

무명 캔버스

지름 20cm 나무 수틀

6~9호 사이즈 바늘

DMC 실 색 참조

310, 312, 986, 422, 725, 816

시작하기 전

옆 페이지의 디자인·도안 스케치를 일반 복사지에 복사한다. 먹지를 이용해 천 위에 복사한 디자인을 옮긴 뒤, 천을 수틀에 고정한다. 먹지로 밑그림을 옮기는 방법이 궁금하다면 12쪽을 참조하자.

창의 덧문이나 길가의 돌처럼 짧은 선들이 주를 이룬다. 짧은 직선들을 모두 밑그림으로 옮기지 말고, 전체적인 윤곽만 잡은 뒤 디테일을 자유롭게 채워나가자. 먼저 윤곽선을 완성하고, 화초 부분은 공백으로 남겨 놓는다. 그런 다음 어느 곳에 위치하는지 떠올려본 후 창의성을 발휘해 수놓는다.

필요한 도안을 모두 옮겼으면 천을 수틀에 끼운다.

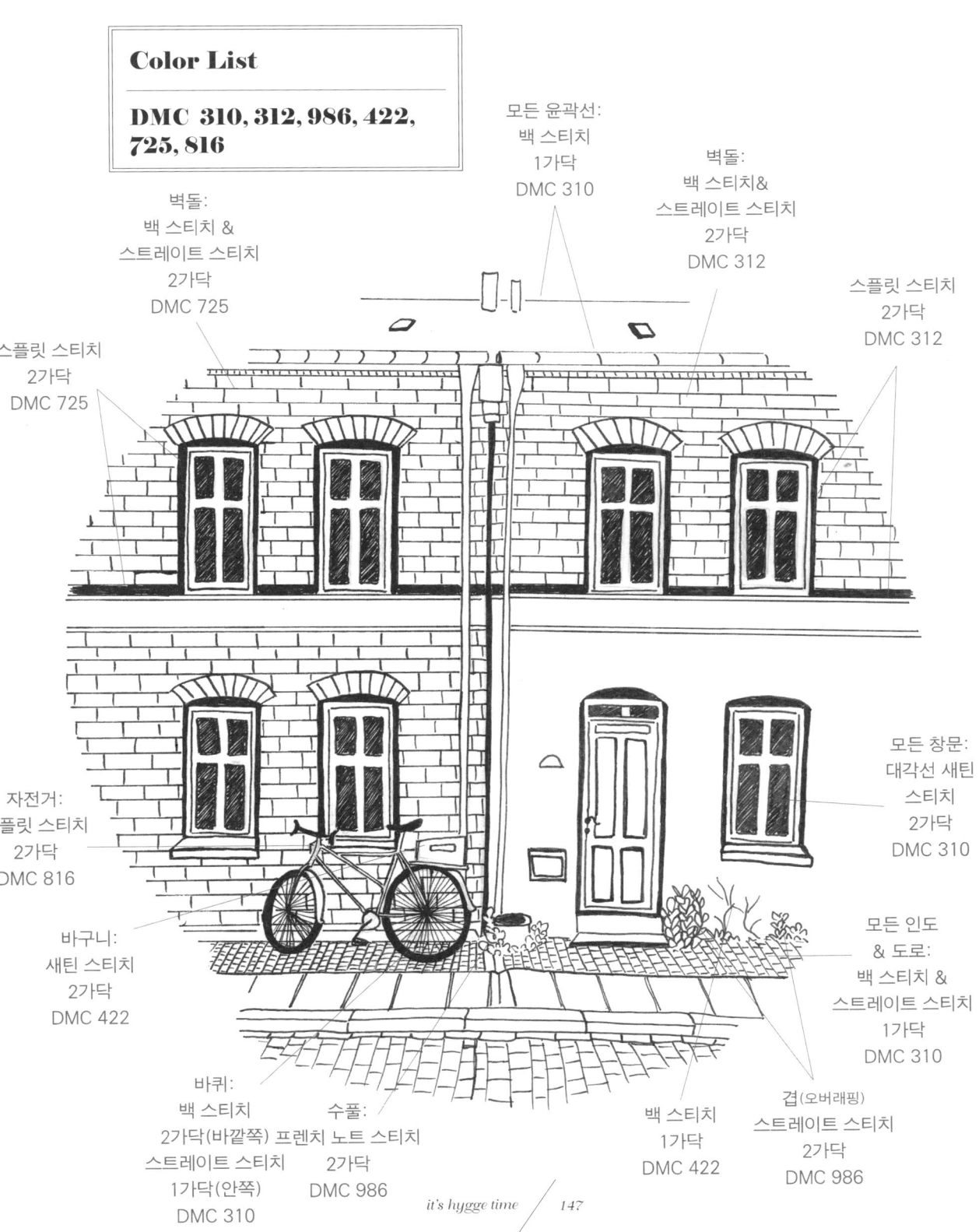

Color List

DMC 310, 312, 986, 422, 725, 816

모든 윤곽선:
백 스티치
1가닥
DMC 310

벽돌:
백 스티치&
스트레이트 스티치
2가닥
DMC 312

스플릿 스티치
2가닥
DMC 312

벽돌:
백 스티치 &
스트레이트 스티치
2가닥
DMC 725

스플릿 스티치
2가닥
DMC 725

모든 창문:
대각선 새틴
스티치
2가닥
DMC 310

자전거:
스플릿 스티치
2가닥
DMC 816

바구니:
새틴 스티치
2가닥
DMC 422

모든 인도
& 도로:
백 스티치 &
스트레이트 스티치
1가닥
DMC 310

바퀴:
백 스티치
2가닥(바깥쪽)
스트레이트 스티치
1가닥(안쪽)
DMC 310

수풀:
프렌치 노트 스티치
2가닥
DMC 986

백 스티치
1가닥
DMC 422

겹(오버래핑)
스트레이트 스티치
2가닥
DMC 986

it's hygge time / 147

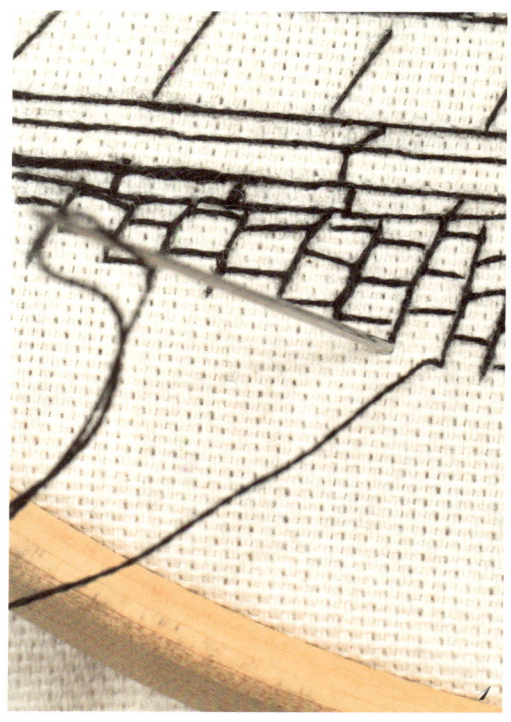

1 지붕, 빗물 파이프, 문, 마지막으로 인도와 도로의 검은색 윤곽선 작업부터 시작한다. 작업은 위에서 아래로 진행하면 좋다. 인도를 수놓을 때는 백 스티치로 세로선들을 상대적으로 가깝게 붙여서 수놓는다. 거기다 스트레이트 스티치를 가로로 더해 보도블록을 표현한다. 율석이 깔린 도로도 같은 방법으로 작업한다. 도로는 좀 더 자유롭게 표현할 수 있지만, 스티치를 너무 일자로 나열하면 안 된다. 사진처럼 각도를 다양하게 만들어 돌들이 고르게 보이지 않도록 자연스럽게 표현하자. 다양한 색의 벽돌 윤곽선은 2단계에서 수놓으므로 미리 생각하지 않아도 된다. 실 1가닥을 써서 백 스티치 기술로 수놓는다.

2 색감을 가진 벽돌은 각각 노란색과 파란색 실로 수놓는다. 실 2가닥을 써서 가로선은 백 스티치로, 세로선은 스트레이트 스티치로 수놓는다. 창문틀을 만든 뒤 각각의 색으로 집의 표면을 채운다. 창문틀과 바로 아래 선은 실 2가닥을 사용해 스플릿 스티치로 수놓는다.

3 창문은 실 2가닥을 써서 대각선 새틴 스티치로 채운다. 검은색 실이라도 대각선으로 스티치를 만들어야 깊이감을 표현할 수 있다.

4 자전거는 스티치 기법을 다양하게 섞어 표현한다.

a. 자전거의 몸통은 실 2가닥을 써서 스플릿 스티치로 수놓는다.

b. 둥근 바퀴는 실 2가닥을 써서 백 스티치로 겹겹이 수놓는다. 원하는 바퀴의 두께에 따라 바퀴의 선을 몇 번 감을지 정한다. 참고로 우리는 3번 감았는데, 3번째 자수는 2번의 스티치 위에 덧대는 방식으로 하여 볼륨감을 살렸다.

c. 바구니의 외곽선은 실 1가닥으로 백 스티치를 사용해 표현했고, 표면은 실 2가닥으로 가로 새틴 스티치를 써서 채웠다.

d. 마지막으로 와이어는 실 1가닥으로 스트레이트 스티치로 표현했다. 바퀴의 외곽부터 중심까지 하나의 긴 스트레이트 스티치로 선을 만든다. 이 작업을 시작하기 전에 자전거 뒤쪽의 벽 윤곽선 작업을 모두 마쳐야 한다는 점을 기억하자. 특히 바퀴 뒤에 있는 벽을 먼저 채워야 입체감을 더 살릴 수 있다.

5 두 종류의 풀은 서로 다른 방식으로 수놓는다.

a. (사진에 안 나온) 문 왼쪽의 작은 풀은 실 2가닥으로 2번 감은 프렌치 노트 스티치로 표현한다. 표시된 부분에 매듭을 무작위로, 서로 가깝게 배치한다.

b. 문 오른쪽의 잎이 달린 식물은 먼저 실 1가닥으로 백 스티치를 사용해 줄기를 만들고, 그 후 줄기 위에 2개의 스트레이트 스티치로 V자 모양을 만들어 잎들을 추가한다.

스톡홀름 감라스탄

스웨덴의 수도 스톡홀름의 한가운데에 위치한 작은 섬 감라스탄은 오래된 역사를 가진 마을이다. 대부분의 거리는 좁고 율석이 깔려 있고, 형형색색의 집들은 그 기원이 17~18세기로 거슬러 올라간다.

작은 골목 구석에는 스웨덴의 명소 카페 '피카'가 있는데, '커피와 번(빵)'이라는 뜻이다. 이 둘을 함께 먹으면 정말 잘 어울린다. 사랑하는 사람들과 함께 피카에 머물면 달콤함과 주변에서 내뿜는 고즈넉함으로 휘게가 따로 없다.

이 장면을 수놓을 때는 친구와 함께 편안한 장소에서 즐겨보기를 추천한다.

수놓기

재료

일반 복사지

먹지(혹은 선호하는 밑그림 방법)

무명 캔버스

지름 20cm 나무 수틀

6~9호 사이즈 바늘

DMC 실 색 참조

310, 728, 3777, 413, 932, 938, ecru, 648,

742, 414, 501, 03

시작하기 전

옆 페이지의 디자인·도안 스케치를 일반 복사지에 복사한다. 먹지를 이용해 천 위에 복사한 디자인을 옮긴 뒤, 천을 수틀에 고정한다. 먹지로 밑그림을 옮기는 방법이 궁금하다면 12쪽을 참조하자.

이 작품은 건물 표면에 작고 세세한 부분들을 다수 포함하고 있다. 실로 표면을 모두 덮기 때문에 디테일한 부분까지 밑그림으로 옮길 필요는 없다. 마찬가지로 창문틀도 창문을 먼저 채우고 나면 밑그림이 보이지 않으므로, 전체 윤곽선에 집중하고 나머지는 비율에 맞춰 진행하면 된다. 그 후 디테일한 부분을 재량껏 표현한다.

필요한 도안을 모두 옮겼으면 천을 수틀에 끼운다.

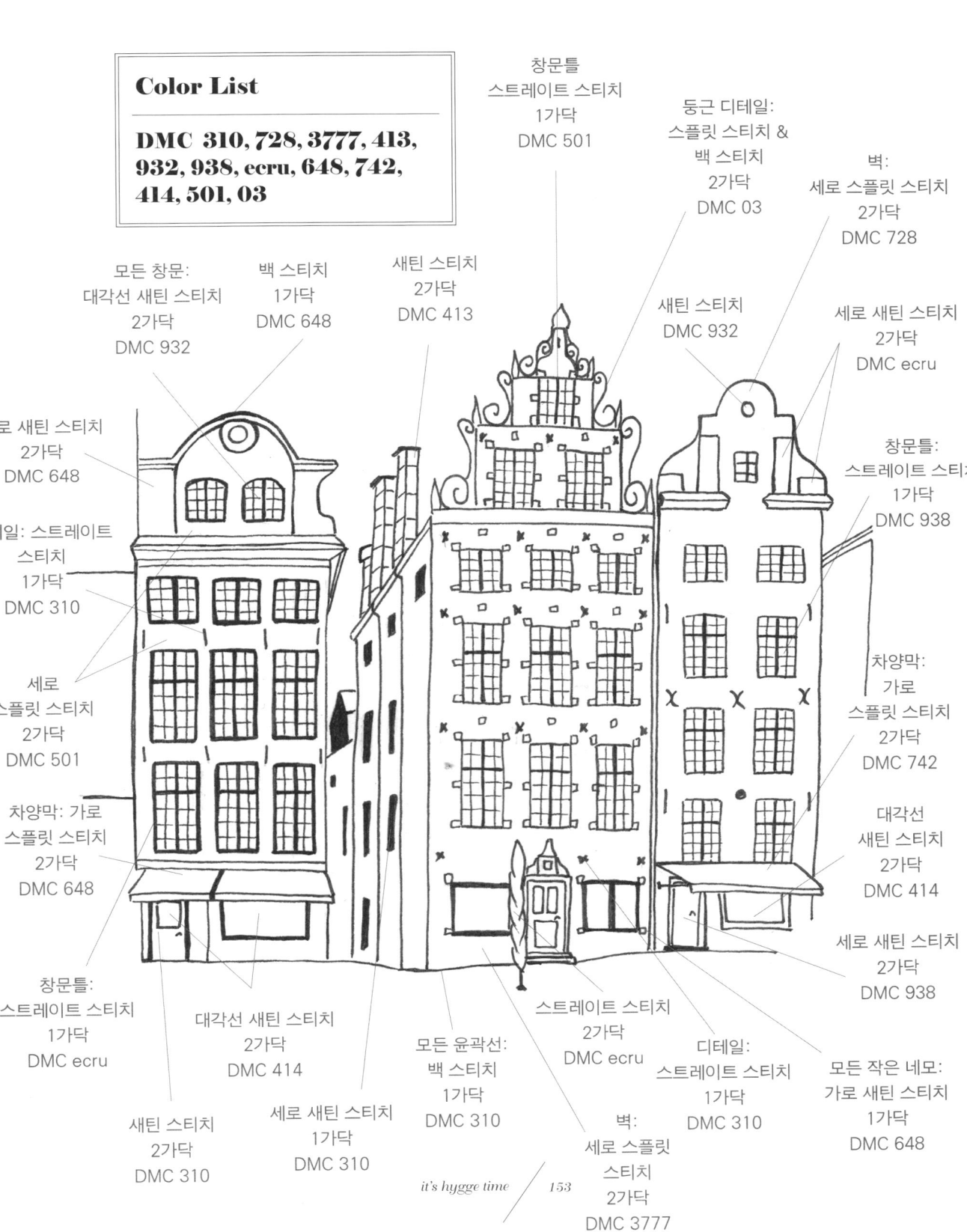

Color List

DMC 310, 728, 3777, 413,
932, 938, ecru, 648, 742,
414, 501, 03

창문틀
스트레이트 스티치
1가닥
DMC 501

둥근 디테일:
스플릿 스티치 &
백 스티치
2가닥
DMC 03

벽:
세로 스플릿 스티치
2가닥
DMC 728

모든 창문:
대각선 새틴 스티치
2가닥
DMC 932

백 스티치
1가닥
DMC 648

새틴 스티치
2가닥
DMC 413

새틴 스티치
DMC 932

세로 새틴 스티치
2가닥
DMC ecru

로 새틴 스티치
2가닥
DMC 648

일: 스트레이트
스티치
1가닥
DMC 310

창문틀:
스트레이트 스티치
1가닥
DMC 938

세로
스플릿 스티치
2가닥
DMC 501

차양막:
가로
스플릿 스티치
2가닥
DMC 742

차양막: 가로
스플릿 스티치
2가닥
DMC 648

대각선
새틴 스티치
2가닥
DMC 414

창문틀:
스트레이트 스티치
1가닥
DMC ecru

세로 새틴 스티치
2가닥
DMC 938

대각선 새틴 스티치
2가닥
DMC 414

모든 윤곽선:
백 스티치
1가닥
DMC 310

스트레이트 스티치
2가닥
DMC ecru

디테일:
스트레이트 스티치
1가닥
DMC 310

모든 작은 네모:
가로 새틴 스티치
1가닥
DMC 648

새틴 스티치
2가닥
DMC 310

세로 새틴 스티치
1가닥
DMC 310

벽:
세로 스플릿
스티치
2가닥
DMC 3777

it's hygge time / 153

1 이 작품의 윤곽선 작업은 다른 작품들과 다르다. 윤곽선은 사진 1에 보이는 빨간 건물의 왼편에 있는 작은 부분들에만 수놓으면 된다. 이 선이 대비를 이루어 건물 측면이 그늘에 드리워진 느낌을 준다.

실 2가닥으로 세로 스플릿 스티치와 새틴 스티치를 사용해 세 건물의 정면을 모두 채우면서 시작하는 것을 추천한다(창문의 양옆은 스플릿 스티치로, 창문의 위와 아래는 새틴 스티치로 수놓는다). 그리고 앞서 말한 부분의 외곽선을 수놓는다(사진 1). 마지막으로 윤곽선 사이의 표면을 세로 스플릿 스티치로 수놓는다.

차양막은 실 2가닥을 써서 가로 스플릿 스티치로 수놓는다. 땅에 접혀 있는 차양막은 실 2가닥으로 스트레이트 스티치를 활용해 천의 모양을 따라 수놓는다.

2 창문들은 새틴 스티치를 사용해 대각선으로 수놓는게 좋다. 대각선으로 바느질을 하면 빛이 유리창에 반사되는 느낌을 준다. 또 세로로 새겨진 벽의 바늘땀과 대비되어 입체감이 더해진다.

3 창문틀은 실 1가닥을 써서 스트레이트 스티치로 표현한다. 위치를 가늠할 밑그림을 옮기지 않은 상태이므로, 자신의 감각을 믿어야 한다. 정확히 모르겠다면 완성된 도안을 참고하자. 창틀의 두께를 약간 얇게 혹은 두껍게 조절해도 되는데, 두껍게 표현하고 싶은 부분은 스트레이트 스티치로 2번 덧대어 수놓는다(예를 들어 창문 주변이나 가운데 십자 부분).

4 가운데 건물 지붕의 디테일한 부분은 백 스티치를 가깝게 붙여가며 수놓는다. 더 선명하게 표현하고 싶은 부분이 있으면 스플릿 스티치를 써서 표현해도 좋다. 누누이 말하지만 짧게 잡아야 둥글고 독특한 모양이 잘 표현된다. 마지막으로 외곽선은 검은색 실 1가닥을 써서 백 스티치로 표현해 대비를 강조한다(사진 4).

5 각각의 벽에 새겨진 작고 검은 디테일들은 실 1가닥으로 스트레이트 스티치를 사용해 모양을 잡는다. 녹색 집과 노란색 집은 대부분 세로선으로 구성되어 있다. 2개의 짧은 스트레이트 스티치로 작은 x자 모양을 추가해 효과를 준다(사진 5).

6 마지막 디테일은 강렬한 빨간색 건물의 창문틀 주변에 반복적으로 자리 잡고 있는 작은 네모들이다. 실 1가닥을 사용해 새틴 스티치로 2~3번 가깝게 기워 작은 네모를 만든다. 단, 전체 벽의 표면을 세로로 스플릿 스티치했으니 그 사이로 스티치들 사라지지 않게 하려면 가로로 수놓아야 한다.

런던 이층버스

이 작품을 수놓다 보면 마치 영국의 빨간 이층버스를 타고 여행하는 기분을 느낄 수 있다. 이층버스는 1847년 애덤스 앤 컴퍼니가 도입했는데, 당시는 말이 버스를 끌었던 시대였다고 한다. 오늘날 영국에서는 하이브리드나 전기로 운행되는 이층버스도 볼 수 있다.

진정한 휘게 정신을 일깨우는 이 작품은 당신을 일상에서 벗어나게 한다. 스케치북과 자수를 손에 들고 빨간 이층버스에 탑승해 런던의 거리를 드라이브하는 모습을 상상해보자. 당신이 무언가를 만들며 위로를 얻고 싶은데 일상에서 짬을 낼 시간이 부족하다면, 버스는 최고의 이동수단일 것이다. 휘게의 정신은 마음만 먹으면 언제 어디서든 발휘할 수 있다. 더욱이 자수는 장소와 시간에 구애받지 않으므로, 큰 힘을 들이지 않아도 당신의 삶을 충만하게 채워줄 것이다.

참, 런던이 초행이라면 한눈팔지 말자. 버스를 타고 모험을 하는 길에 빅벤을 지나칠지도 모르니까.

수놓기

재료
일반 복사지
먹지(혹은 선호하는 밑그림 방법)
무명 캔버스
지름 20cm 나무 수틀
6~9호 사이즈 바늘

DMC 실 색 참조
349, 310, 932, 905, 986

시작하기 전

옆 페이지의 디자인·도안 스케치를 일반 복사지에 복사한다. 먹지를 이용해 천 위에 복사한 디자인을 옮긴 뒤, 천을 수틀에 고정한다. 먹지로 밑그림을 옮기는 방법이 궁금하다면 12쪽을 참조하자.

작품의 구조를 살펴보고 중심선과 디테일선을 구분한다. 작고 세세한 부분은 천으로 옮겼을 때 알아보기 어려우니 굳이 밑그림을 그리지 않는다. 대신 도안을 참고해 디테일한 부분을 어떻게 표현했는지 기준으로 삼는다.

필요한 도안을 모두 옮겼으면 천을 수틀에 끼운다.

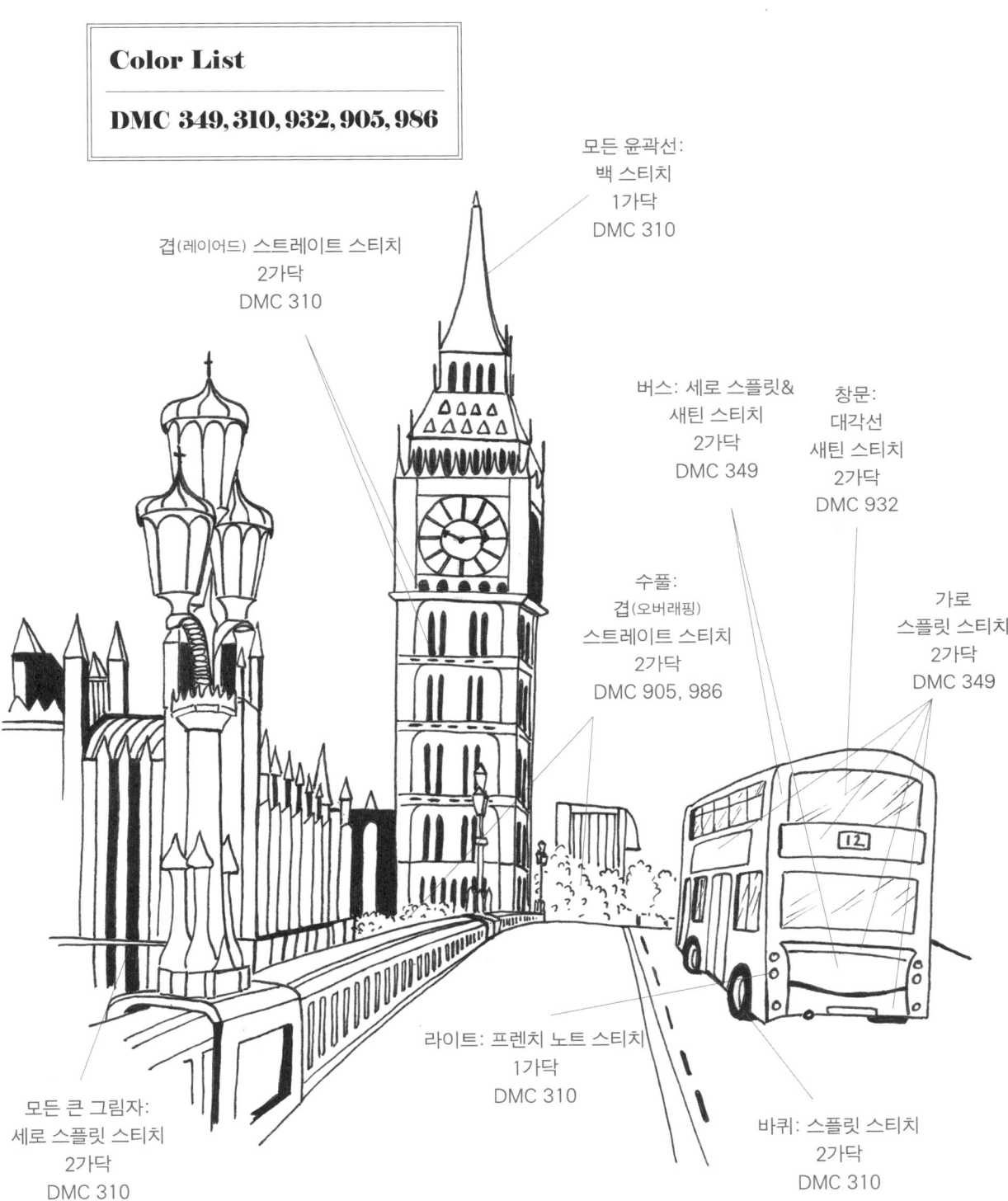

Color List

DMC 349, 310, 932, 905, 986

모든 윤곽선:
백 스티치
1가닥
DMC 310

겹(레이어드) 스트레이트 스티치
2가닥
DMC 310

버스: 세로 스플릿&
새틴 스티치
2가닥
DMC 349

창문:
대각선
새틴 스티치
2가닥
DMC 932

수풀:
겹(오버래핑)
스트레이트 스티치
2가닥
DMC 905, 986

가로
스플릿 스티치
2가닥
DMC 349

모든 큰 그림자:
세로 스플릿 스티치
2가닥
DMC 310

라이트: 프렌치 노트 스티치
1가닥
DMC 310

바퀴: 스플릿 스티치
2가닥
DMC 310

1 검은색 실 1가닥으로 백 스티치를 사용해 윤곽선을 수놓는다. 왼쪽 건물의 외곽선부터 시작해 타워, 다리, 버스 순서로 옮긴다. 그다음 완성된 작품을 참고해 내부선과 정교한 선들이 있는 부분을 작업한다.

디테일한 부분은 스티치를 작게 잡아야 한다는 것만 기억하자. 타워의 시계와 그 밑의 둥근 모양(사진 1 참조)은 아주 짧은 백 스티치로 여러 번 수놓아 표현해야 한다. 스티치를 짧게 할수록 선의 모양을 쉽게 표현할 수 있다.

2 윤곽선을 모두 수놓은 뒤, 건물과 타워의 큰 그림자는 실을 2가닥 써서 세로 스플릿 스티치로 스티치를 가지런히 나열해가며 채워간다. 완성된 작품이나 도안을 참고해 두꺼운 그림자 선을 확인해보자.

3 타워의 창문 같이 비교적 작은 명암은 실 2가닥으로 스트레이트 스티치를 2번 겹쳐 표현한다. 스플릿 스티치와 새틴 스티치 중에서 선택해야 하는 상황이 오면, 스티치의 길이와 폭을 고려해 결정한다. 창문은 스티치를 길이가 창문의 높이(세로 방향)와 완벽하게 들어맞으므로, 군이 스플릿 스티치로 스티치를 늘려서 채울 필요가 없다. 그리고 창문틀의 폭도 좁아서 스티치를 두껍게 잡으면 충분하다.

왜 실 1가닥으로 4번 수놓지 않고 실 2가닥으로 2번 바느질할까? 애초에 스티치의 숫자를 늘리기만 하는 것보다 같은 실이라도 겹쳐서 표현하는 게 견고해보이기 때문이다.

4 이제 빨간 버스에 집중할 차례다. 버스의 표면은 새틴 스티치와 스플릿 스티치를 섞어 수놓는다. 스티치의 방향에 따라 기술을 바꾸면 실의 색깔을 바꾸지 않아도 대비 효과를 낼 수 있다.

채워야 하는 면적의 길이에 따라 스티치 기법을 섞으면 좋다. 면적의 길이와 높이가 한 번의 스티치로 채워지지 않는다면 스플릿 스티치가 이상적이다. 반면, 사진에 바늘로 표시한 곳처럼 한 번의 스티치로 면적의 전체 높이를 충분히 채울 수 있다면 새틴 스티치 기술을 사용하면 된다. 버스를 작업할 때는 각 부분마다 수놓는 방향을 가로와 세로로 바꿔가며 작업해야 한다.

마지막으로 작업할 부분은 창문이다. 실 2가닥을 사용해 대각선 새틴 스티치로 수놓는다. 대각선으로 수놓으면 가로와 세로 스티치로 채워진 버스의 표면에 또 다른 대비 효과를 불러일으킨다. 뿐만 아니라 작품 안에서 빛이 반사되는 효과도 낸다.

5 수풀은 전체적으로 작품이 더 도드라져 보이게 한다. 작은 스트레이트 스티치를 무작위로 겹쳐 수풀을 만든다. 작은 스티치 하나하나가 작은 잎들이라고 상상해보자. 각각의 잎이 어떻게 자랄까? 길이와 방향을 기준으로 스티치를 어디에 어떻게 겹치게 할지 자유롭게 수놓아보자.

감사의 말

이 책이 나오기까지 도와주신 모든 분들께 감사드립니다.

먼저 페이지 스트리트 퍼블리싱은 우리를 발견했을 뿐만 아니라, 콘텐츠를 개발할 수 있도록 아낌없이 응원해주었습니다. 덕분에 우리는 현대 손자수를 애정하고, 정신수양에 도움이 되는 활동과 유럽 여행을 좋아하는 사람들을 만났습니다. 그들과 진심으로 대화를 나누며 최고의 책을 만들어갈 수 있었습니다.

오롯이 책에 수록된 작품에 집중할 수 있도록 드넓은 이해심으로 우리를 지원해준 가족과 친구들에게도 감사의 말을 전합니다.

마지막으로 이 책을 읽고 있는 독자분들, 그리고 우리의 자수 여정을 온라인과 오프라인 어디에서든 함께해준 분들에게 진심으로 감사드립니다. 여러분이 있었기에 우리는 자수 작품을 끊임없이 연구할 수 있었습니다.

프랑스와 스웨덴 출신의 예술가 부부 샤를과 엘린의 자수 여행은 2016년 인스타그램(@petronella.art @_charleshenry_in)에 자수 작품을 공유하자마자 빠르게 퍼져나갔다. 보어드 판다(Bored Panda), 마사 스튜어트 리빙(Martha Stewart Living), 푸비즈(Fubiz), 마이 모던 멧(My Modern Met), 플로우(Flow), 인스피레이션스(Inspirations) 같은 수많은 매거진에 게재되었다. 2020년 봄에는 온라인 구독자 30만 명을 달성했다.

부부는 전시회를 열어 작품을 공유하고 판매하고 있을 뿐만 아니라, 개인 전시 및 브랜드 파트너십도 진행한다. 또한 '샤를 앤 엘린 아카데미' 플랫폼을 통해 온라인 교육 분야에도 진출했다. 지난 몇 년 동안 전 세계 곳곳에서 수천 명에 달하는 사람들이 온라인 교육과 현장 강의를 찾아 이들의 독특한 디자인 도안을 배웠다. 샤를과 엘린은 사람들이 손으로 하는 창의적인 활동이 심신치유에 끼치는 영향력을 깨닫기 바라는 마음으로, charlesandelinacademy.com과 유튜브 채널 〈샤를 앤 엘린Charles and Elin〉, 팟캐스트 〈샤를 앤 엘린〉을 통해 정보를 무료로 제공한다.

호기심 넘치는 엘린은 2019년 가을, 전자책《When Will You Get a Real Job?》을 출간했다. 이 책은 샤를과 엘린이 온라인 커뮤니티를 끈끈하게 이어가는 방법과 예술 활동을 하며 일상을 보내는 이야기들이 담겨 있다.

더 많은 도면과 자수에 대한 정보를 알고 싶다면 CHARLESANDELIN.COM을 방문해 보자.

낭만적인 유럽 거리를 수놓다

초판 1쇄 발행 2021년 9월 5일
개정판 1쇄 발행 2024년 6월 5일

지은이 샤를 앙리·엘린 페트로넬라
옮긴이 신용우
감수 이화영
펴낸이 이범상
펴낸곳 (주)비전비엔피 · 이덴슬리벨

기획 편집 차재호 김승희 김혜경 한윤지 박성아 신은정
디자인 김혜림 최원영 이민선
마케팅 이성호 이병준 문세희
전자책 김성화 김희정 안상희 김낙기
관리 이다정

주소 우)04034 서울특별시 마포구 잔다리로7길 12 1F
전화 02)338-2411 | **팩스** 02)338-2413
홈페이지 www.visionbp.co.kr
이메일 visioncorea@naver.com
원고투고 editor@visionbp.co.kr
인스타그램 www.instagram.com/visioncorea
포스트 post.naver.com/visioncorea

등록번호 제2009-000096호

ISBN 979-11-91937-45-9 13630